BOOKS BY MARK STRAND

POEMS

The Story of Our Lives   1973
The Sargeantville Notebook (pamphlet)   1973
Darker   1970
Reasons for Moving   1968
Sleeping with One Eye Open   1964

TRANSLATIONS

The Owl's Insomnia (SELECTED POEMS OF RAPHAEL
ALBERTI)   1973
18 Poems from the Quechua   1971

THE OWL'S
INSOMNIA

THE OWL'S INSOMNIA

Poems by

RAPHAEL ALBERTI

Selected & Translated by

MARK STRAND

NEW YORK

ATHENEUM

1973

The Spanish text of the poems in this volume is reproduced, by kind permission of the author and the publisher, from *Poetas Completas* by Raphael Alberti, copyright © 1961 by Editorial Losada, S.A., Buenos Aires, Argentina.

Some of the poems have appeared in the following periodicals:

AMERICAN POETRY REVIEW: *The Coming Back of an Assassinated Poet; The Coming Back of Love on the Sands; The Coming Back of Love in Bright Landscapes.*

ANTAEUS: *Song* (There was a river . . .); *Song* (A thistle flowered . . .); *Ballad of the Lost Andalusian; Metamorphosis of the Carnation; Charlie's Sad Date; Harold Lloyd, Student; Buster Keaton Looks in the Woods for His Love Who Is a Real Cow; On the Day of His Death.*

BANTAM ANTHOLOGY OF MODERN EUROPEAN POETRY: *Song* (If my voice dies on land . . .); *The Grade School Angels; The Angel of Numbers; Ballad of What the Wind Said.*

THE COLUMBIA FORUM: *Three Memories of Heaven; Song* (A balcony over a river . . .); *Song* (The ships pass so close . . .).

THE EMERSON REVIEW: *The Sleepwalking Angels; The Good Angel; The Avaricious Angel; The Angel of Ash.*

FIELD: *That Burning Horse in the Lost Forests.*

THE IOWA REVIEW: *That's the Way It Is; Fragments of a Wish; Two Children; They Have Gone.*

KAYAK: *The Dead Angels; Invitation to the Harp; The Bad Moment.*

THE MALAHAT REVIEW: *Swimmer; Platko; To Miss X, Buried in the West Wind.*

THE NATION: *Ballad of the Country Idlers.*

PEBBLE: *The Moldy Angel; Song of the Luckless Angel.*

RIVERRUN: *The False Angel; Living Snow; The Angel of Sand.*

STINKTREE: *Song* (The sea. The sea. . . .); *Song* (The skirt is so white . . .); *Song* (The waves, blue walls . . .).

For Donald Justice

*"If in your country all hope is lost in the long heat of summer,
The snows in my country will help you to get it back."*
RAFAEL ALBERTI

PREFACE

ALBERTI is both a difficult and accessible poet. He is endlessly inventive, yet his themes are recognizably simple. One reads him and feels that he is among the most effortless of poets: Gongoristic sonnets seem written with the same ease as Jimenez-like fragments of song, and lamentations with the same energy as celebratory odes. Whatever he does seems touched with originality and grace.

Almost half the poems in this selection come from two books, *Sobre los Angeles* (1929) and *Sermones y Moradas* (1930). They are poems which follow an especially trying period in Alberti's life, a period he refers to despairingly as "a pit of disasters into which I had fallen." Many factors contributed to his sudden collapse—poverty, sickness, family tensions—but the most important seems to have been "an impossible love." He is silent about the details of its failure and says only that it contributed largely to his breakdown and, consequently, to *Sobre los Angeles* and *Sermones y Moradas*. Of his angels, Alberti says:

> And then the angels were revealed to me, not bodily,
> as the Christian angels of the fine paintings and prints,
> but as irresistible forces of the spirit, shaped to the
> most troubled and secret states of my nature. And I set
> them loose in bands in the world, blind reincarnations
> of all that was bloody, desolate, agonized, terrible and,
> at times, good in me and in what surrounded me.

The poems of these two books are a far cry from the early folkloric poems in *Marinero en Tierra* (1925) or the attempts at baroque elegance which make up part of *Cal y Canto* (1929). The vision is more anguished, more central in its mythology, and not as dependent on the nuances of nostalgia or the rhetoric of embellishment and contrivance. In fact, though the tone of the poems varies greatly, from the plain "Song of the Luckless Angel," say, to "Three Memories of Heaven" with its echoes of Becquer's romanticism, or to the insistently mournful "That Burning Horse Through the Lost Forests," and though their imagery may strike one as arbitrary, even evasive, they are determinedly immediate and emotional and deal with the survival of the spirit in its many guises.

Survival is also the theme of his book, *Retornos de lo Vivo Lejano* (1952), seven poems from which have been included in this selection. Written while Alberti was in exile in Argentina, it is permeated with the sadness of alienation and dominated by tones of resignation and acceptance. In these poems the poet "goes back" to reclaim what was once his, or else the past "comes back" to reclaim him as Lorca does in "The Coming Back of an Assassinated Poet." What survives is a life lived years ago and in another country.

The group of songs and ballads that concludes *The Owl's Insomnia* are less explicitly nostalgic than the Retornos, but, like them, are poems of exile and, in an obvious fashion, are related to the earlier songs of *Marinero en Tierra*. The yearning in those for the Bay of Cádiz, is repeated in the later songs and broadened to include all of Spain or, at times, all of what is not immediately present in the poet's experience. They are poems in which the loneliness and isolation of exile is made more poignant by the proximity of escape, which almost always is suggested by rivers or ships—and yet, there is no way back, only further exile. These poems avoid self-pity by proclaiming, often enough, a satisfied acceptance of the facts.

The inclusion of poems based on great film comedians was initially intended to provide comic relief, as was the inclusion of several poems from *Cal y Canto,* but even here, the relief is partial and Alberti remains, almost against his will, an elegist. The comic mourning for Miss X, the grandiose memorializing of Platko (see note), the losses recorded in the poems about Charlie Chaplin, Harold Lloyd, and Buster Keaton, though absurd, are nevertheless touching in much the same way that the actors were.

The scope of this book, then, has been determined by an interest in a certain but pervasive aspect of Alberti's work as well as by the translator's limitations. There were poems that could not be done justice to. There were poems that were translated but discarded because they never achieved proper authority in English. This was true of some of the sonnets, the lavishly baroque poems, and a few poems from *13 Bandas y 48 Estrellas* (1936) and *Capital de la Gloria* (1938), poems concerned with American imperialism on the one hand, and the Spanish Civil War on the other. At one point the inclusion of some poems from *A La Pintura* (1948) was considered; several were translated and then discarded. It was felt that they lay too far outside the current of this selection, which was to be made up strictly of elegies, remembrances, and poems of loss and exile.

Alberti's poems number in the thousands. As a consequence, making a selection is a difficult task. *The Owl's Insomnia* contains fifty poems and is, perforce, limited. It is hoped, however, that it contains the essential Alberti and that readers unfamiliar with Alberti's work will be moved by its beauty, its strangeness, and its humanity.

CONTENTS

THE OWL'S
INSOMNIA

CANCIÓN

El mar. La mar.
El mar. ¡Sólo la mar!

¿Por qué me trajiste, padre,
a la ciudad?

¿Por qué me desenterraste
del mar?

En sueños, la marejada
me tira del corazón.
Se lo quisiera llevar.

Padre, ¿por qué me trajiste
acá?

SONG

The sea. The sea.
The sea. Only the sea!

Father, why did you bring me
to the city?

Why did you dig me up
from the sea?

In dreams, the surf
tugs at my heart
and wants to carry it off.

Father, why did you bring me
here?

CANCIÓN

¡Qué blanca lleva la falda
la niña que se va al mar!

¡Ay niña, no te la manche
la tinta del calamar!

¡Qué blancas tus manos, niña,
que te vas sin suspirar!

¡Ay niña, no te las manche
la tinta del calamar!

¡Qué blanco tu corazón
y qué blanco tu mirar!

¡Ay niña, no te los manche
la tinta del calamar!

SONG

The skirt is so white
of the girl who goes to sea!

Child, I hope it is never stained
by the squid's ink!

Your hands are so white, child,
and you don't even sigh as you leave!

Child, I hope they are never stained
by the squid's ink!

Your heart is so white
and your gaze is so white!

Child, I hope they are never stained
by the squid's ink!

Murallas azules, olas,
del África, van y vienen.

Cuando van...
¡Ay, quién con ellas se fuera!

¡Ay, quién con ellas volviera!
Cuando vuelven...

SONG

The waves, blue walls
of Africa, go and come back.

When they go . . .
Ah, to go with them!

Ah, to come back with them!
When they come back . . .

Si mi voz muriera en tierra,
llevadla al nivel del mar
y dejadla en la ribera.

Llevadla al nivel del mar
y nombradla capitana
de un blanco bajel de guerra.

¡Oh mi voz condecorada
con la insignia marinera:
sobre el corazón un ancla
y sobre el ancla una estrella
y sobre la estrella el viento
y sobre el viento la vela!

SONG

If my voice dies on land,
take it down to the sea
and leave it on the shore.

Take it down to the sea
and make it captain
of a white man-of-war.

Honor it with
a sailor's medal:
over its heart an anchor,
and on the anchor a star,
and on the star the wind,
and on the wind a sail!

A MISS X, ENTERRADA EN EL VIENTO DEL OESTE

¡Ah, Miss X, Miss X: 20 años!

Blusas en las ventanas,
los peluqueros
lloran sin tu melena
—fuego rubio cortado—.

¡Ah, Miss X, Miss X sin sombrero,
alba sin colorete,
sola,
tan libre,
tú,
en el viento!

No llevabas pendientes.

Las modistas, de blanco, en los balcones,
perdidas por el cielo.
                    —¡A ver!
                    ¡Al fin!
                    ¿Qué?
                        ¡No!
                        Sólo era un pájaro.
                        no tú
                        Miss X niña.

El barman, ¡oh qué triste!
 (Cerveza.
 Limonada.
 Whisky.
 Cocktail de ginebra.)
Ha pintado de negro las botellas.
Y las banderas,
alegrías del bar,
de negro, a media asta

¡Y el cielo sin girar tu radiograma!

TO MISS X, BURIED IN THE WEST WIND

Miss X, Miss X: 20 years old!

Blouses in windows,
hairdressers
weeping without your hair
—sheared blond fire—

Miss X, hatless Miss X,
rougeless dawn,
alone,
so free,
you,
in the wind!

You never wore earrings.

The dressmakers in white, on their balconies,
forgotten by heaven.
                    —Let's see!
                 At last!
                 What?
                     No!
                     It was only a bird,
                     not you,
                     little Miss X.

The bartender, how sad he is!
   (Beer.
   Lemonade.
   Whiskey.
   Gin Fizz.)
He painted the bottles black.
And the flags that brightened the bar,
he has painted them black
and hung them all at half-mast.

And the sky won't deliver your messages!

Treinta barcos,
cuarenta hidroaviones
y un velero cargado de naranjas,
gritando por el mar y por las nubes.

                              Nada.

¡Ah, Miss X! ¿Adónde?

S. M. el Rey de tu país no come.
No duerme el Rey.
Fuma.
Se muere por la costa en automóvil.

Ministerios,
Bancos de oro,
Consulados,
Casinos,
Tiendas,
Parques,
cerrados.

Y mientras, tú, en el viento
—¿te aprietan los zapatos?—,
Miss X, de los mares
—di, ¿te lastima el aire?—

¡Ah, Miss X, Miss X, qué fastidio!
Bostezo.
          Adiós...
                    —Good bye...

*(Ya nadie piensa en ti. Las mariposas
de acero,
con las alas tronchadas,
incendiando los aires,
fijas sobre las dalias
movibles de los vientos.
Sol electrocutado.
Luna carbonizada.
Temor al oso blanco del invierno.*

Thirty ships,
forty seaplanes
and a sailboat loaded with oranges,
filling the sea and the clouds with their racket.

> Nothing.

Miss X! Where have you gone?
His Majesty, the King of your country doesn't eat.
The King doesn't sleep.
He smokes.
He dies in a car on the coast.

Ministries,
Banks,
Consulates,
Casinos,
Shops,
Parks,
all closed.

And meanwhile, you, in the wind,
"Do your shoes pinch?"
Miss X, of the seas,
"Say, does the draft bother you?"

Ah, Miss X, Miss X, how dull!
I am yawning.
> Adiós . . .
> Goodbye . . .

*(Nobody thinks of you anymore. The steel
butterflies
with broken wings
burning the air
settled on the wind's
swaying dahlias.
Electrocuted sun.
Charred moon.
Fear of winter's white bear.*

Veda.
Prohibida la caza
marítima, celeste,
por orden del Gobierno.

Ya nadie piensa en ti, Miss X niña.)

Forbidden.
By order of the Government,
hunting by sea
or by sky is prohibited.

Nobody thinks of you anymore, little Miss X.)

¡HUYE, mar,
corre, playa,
viento, pára!

Tres naciones marítimas me ofrecen,
de hierro, una manzana.

La Torre Eiffel tira un cielo
de anuncios y telegramas.
¡Huye, mar!
¡Viva mi nombre en todos los sombreros
del bulevard!
¡Y mi fotografía en bicicleta!
¡Ah!
¡Y mis derechos a una isla en el Sena!

¡Corre, playa!
¿Qué pensará el Rey de Inglaterra?

La Cámara de los Lores
vuela en mi honor una escuadra.
El Ministro del aire condecora
con mi nombre una estrella de Irlanda.
Y un cinema flotante,
de azul, me biografía en sus entradas.
¡Ah!
Tengo poderes sobre una ola del Támesis.

¡Viento, pára!
¿Qué pensará S. S. el Papa?

Limones del Vaticano
bajan a la mar los ángeles,
rosarios y estampas.
En mi malló rendido pintan cruces
arzobispos y cardenales.
Y en un beso de agua salada
las infalibles sandalias

Move, sea,
run, beach,
wind, stop!

Three maritime nations offer me
an iron apple.

The Eiffel Tower throws out a sky
of announcements and telegrams.
Move, sea!
Long live my name in all the hats
on the boulevard!
And my photograph on the bicycle!
Ah!
And my rights to an island in the Seine!

Run, beach!
What will the King of England think?

The House of Lords
flies a squadron in my honor.
The Minister of Air decorates
an Irish star with my name.
And a floating movie house,
all blue, features my life in its lobby.
Ah!
I have powers over a wave in the Thames.

Wind, stop!
What will His Holiness think?

Angels bring rosaries, stamps,
and Vatican lemons
down to the sea.
Archbishops and Cardinals
paint crosses on my tattered bathing suit.
And with one salt-water kiss
the infallible slippers

naufragan.
¡Ah!
Por los peces del Tíber, concedidas
500 millas de idulgencias plenarias.

¡Huye, mar,
corre, playa,
viento, pára!

are ruined.
Ah!
By the walls of the Tiber,
500 thousand plenary indulgences are granted.

Move, sea,
run, beach,
wind, stop!

PLATKO

(SANTANDER, 20 DE MAYO DE 1928)

Nadie se olvida, Platko,
no, nadie, nadie, nadie,
oso rubio de Hungría.

Ni el mar,
que frente a ti saltaba sin poder defenderte.
Ni la lluvia. Ni el viento, que era el que más regía.

Ni el mar, ni el viento, Platko,
rubio Platko de sangre,
guardameta en el polvo,
pararrayos.

No, nadie, nadie, nadie.

Camisetas azules y blancas, sobre el aire,
camisetas reales,
contrarias, contra ti, volando y arrastrándote,
Platko, Platko lejano,
rubio Platko tronchado,
tigre ardiendo en la yerba de otro país. ¡Tú, llave,
Platko, tú, llave rota,
llave áurea caída ante el pórtico áureo!

No, nadie, nadie, nadie,
nadie se olvida, Platko.

Volvió su espalda el cielo.
Camisetas azules y granas flamearon,
apagadas, sin viento.
El mar, vueltos los ojos,
se tumbó y nada dijo.
Sangrando en los ojales,
sangrando por ti, Platko,
por tu sangre de Hungría,
sin tu sangre, tu impulso, tu parada, tu salto,
temieron las insignias.

PLATKO

(Santander, May 20, 1928)

Nobody forgets, Platko,
no nobody, nobody, nobody,
you blond Hungarian bear.

Not the sea
that jumped in front of you without being able to save you.
Not the rain. Not the wind, not even the stiffest wind.

Not the sea, not the wind, Platko,
blond, bloody Platko,
goalkeeper in the dust,
lightning rod.

No, nobody, nobody, nobody.

Blue and white shirts, in the air,
royal shirts,
rival shirts, against you, flying and dragging you with them,
Platko, far-off Platko,
blond Platko beheaded,
tiger burning in the grass of another country. You, a key,
Platko, you, a broken key,
a golden key, fallen before the golden door!

No, nobody, nobody, nobody,
nobody forgets, Platko.

The sky turned its back.
Blue and scarlet shirts blazed
and died without wind.
The sea turned its eyes away,
collapsed and said nothing.
There was bleeding in the buttonholes,
bleeding for you, Platko,
for your Hungarian blood,
for without your blood, your moves, your great saves, your leaps,
the badges were frightened.

No, nadie, Platko, nadie,
nadie, nadie se olvida.

Fué la vuelta del mar.
Fueron
diez rápidas banderas
incendiadas, sin freno.
Fué la vuelta del viento.
La vuelta al corazón de la esperanza.
Fué tu vuelta.

Azul heroico y grana,
mandó el aire en las venas.
Alas, alas celestes y blancas, rotas alas,
combatidas, sin plumas, encalaron la yerba.

Y el aire tuvo piernas,
tronco, brazos, cabeza.

¡Y todo por ti, Platko,
rubio Platko de Hungría!

Y en tu honor, por tu vuelta,
porque volviste el pulso perdido a la pelea,
en el arco contrario el viento abrió una brecha.

Nadie, nadie se olvida.

El cielo, el mar, la lluvia lo recuerdan.
Las insignias.
Las doradas insignias, flores de los ojales,
cerradas, por ti abiertas.

No, nadie, nadie, nadie,
nadie se olvida, Platko.

Ni el final: tu salida,
oso rubio de sangre,
desmayada bandera en hombros por el campo.

¡Oh, Platko, Platko, Platko,
tú, tan lejos de Hungría!

No, nobody, nobody, nobody,
nobody, nobody forgets.

It was the sea's return.
There were
ten swift flags
wildly burning.
It was the wind's return.
It was hope's return to the heart.
It was your return.

The air commanded
the scarlet and heroic blue in the veins.
Wings, wings heavenly and white, broken wings,
embattled wings without feathers chalked the field.

And the air had legs
and trunk and arms and head.

And all for you, Platko,
blond, Hungarian Platko!

And in your honor, for your return,
because you brought lost energy back to the fight,
the wind opened a path to the enemy's goal.

Nobody, nobody forgets.

The sky, the sea, the rain remember it.
The badges,
the gold badges, the boutonnieres,
are closed, but for you they will open.

No, nobody, nobody, nobody,
nobody forgets, Platko.

Not the end, your exit;
bloody blond bear,
pale flag, carried across the field on shoulders.

Oh Platko, Platko, Platko,
you, so far from Hungary!

¿Qué mar hubiera sido capaz de no llorarte?

Nadie, nadie se olvida,
no, nadie, nadie, nadie.

What sea would not have been able to mourn you?

Nobody, nobody forgets,
no, nobody, nobody, nobody.

VÍRGENES con escuadras
y compases, velando
las celestes pizarras.

Y el ángel de los números,
pensativo, volando
del 1 al 2, del 2
al 3, del 3 al 4.

Tizas frías esponjas
rayaban y borraban
la luz de los espacios.

Ni sol, luna, ni estrellas,
ni el repentino verde
del rayo y el relámpago,
ni el aire. Sólo nieblas.

Vírgenes sin escuadras,
sin compases, llorando.

Y en las muertas pizarras,
el ángel de los números,
sin vida, amortajado
sobre el 1 y el 2,
sobre el 3, sobre el 4...

Virgins with rulers
and compasses were watching
the heavenly blackboards.

And the angel of numbers
was thoughtfully flying
from 1 to 2, from 2
to 3, from 3 to 4.

Cold chalk and sponges
streaked and erased
the light of the heavens.

There was no sun, no moon, no stars,
no sudden green
of lightning,
no air. Only mist.

Virgins without rulers,
without compasses were crying.

And on the dead blackboards
the angel of numbers
was lifeless, shrouded
on the 1 and the 2,
on the 3, on the 4 . . .

Tú eres lo que va:
agua que me lleva,
que me dejará.

Buscadme en la ola.

Lo que va y no vuelve:
viento que en la sombra
se apaga y se enciende.

Buscadme en la nieve.

Lo que nadie sabe:
tierra movediza
que no habla con nadie.

Buscadme en el aire.

You are what moves:
water that carries me,
that will leave me.

Look for me in the wave.

What moves and doesn't return:
wind that in shadows
dies down and rises.

Look for me in the snow.

What nobody knows:
the floating earth
that speaks to nobody.

Look for me in the air.

HUBO luz que trajo
por hueso una almendra amarga.

Voz que por sonido,
el fleco de la lluvia,
cortado por un hacha.

Alma que por cuerpo,
la funda de aire
de una doble espada.

Venas que por sangre,
yel de mirra y de retama.

Cuerpo que por alma,
el vacío, nada.

There was light that brought
for bone bitter almond.

Voice that for sound,
the fringe of rain
cut by an axe.

Soul that for body,
the bare sheath
of a two-edged sword.

Veins that for blood,
gall of myrrh and dyeweed.

Body that for soul,
emptiness, nothing.

EL ÁNGEL CENICIENTO

Precipitadas las luces
por los derrumbos del cielo,
en la barca de las nieblas
bajaste tú, Ceniciento.

Para romper cadenas
y en enfrentar a la tierra contra el viento.

Iracundo, ciego.

Para romper cadenas
y enfrentar a los mares contra el fuego.

Dando bandazos el mundo,
por la nada rodó, muerto.
No se enteraron los hombres.
Sólo tú y yo, Ceniciento.

THE ANGEL OF ASH

ONCE the lights were thrown
down by heavenly landslides
you came on a boat
of clouds, Angel of Ash.

You came to break chains
and match earth against wind.

You were blind with anger.

You came to break chains
and match sea against fire.

The world was battered around
and rolled through nothingness, dead.
Nobody knew what happened.
Just you and I, Angel of Ash.

EL ÁNGEL BUENO

Dentro del pecho se abren
corredores anchos, largos,
que sorben todas las mares.

Vidrieras,
que alumbran todas las calles.

Miradores,
que acercan todas las torres.

Ciudades deshabitadas
se pueblan, de pronto. Trenes
descarrilados, unidos
marchan.

Naufragios antiguos flotan.
La luz moja el pie en el agua.

¡Campanas!

Gira más de prisa el aire.
El mundo, con ser el mundo,
en la mano de una niña
cabe.

¡Campanas!

Una carta del cielo bajó un ángel.

THE GOOD ANGEL

INSIDE my chest
huge hallways open
that swallow all seas.

Large windows
that light up all streets.

Rooftops
that bring closer all towers.

Deserted cities
suddenly come to life.
Trains that were derailed
couple and move on.

Old shipwrecks float again.
The light dips its foot in the water.

Bells!

The air spins faster.
The world, being the world,
fits in a child's hand.

Bells!

An angel brought down orders from heaven.

Gentes de las esquinas
de pueblos y naciones que no están en el mapa,
comentaban.

Ese hombre está muerto
y no lo sabe.
Quiere asaltar la banca,
robar nubes, estrellas, cometas de oro,
comprar lo más difícil:
el cielo.
Y ese hombre está muerto.

Temblores subterráneos le sacuden la frente.
Tumbos de tierra desprendida,
ecos desvariados,
sones confusos de piquetas y azadas,
los oídos.
Los ojos,
luces de acetileno,
húmedas, áureas galerías.
El corazón,
explosiones de piedras, júbilos, dinamita.

Sueña con las minas.

People on streetcorners
of towns and countries not on the map,
were whispering:

That man is dead
and doesn't know it.
He wants to break into the bank,
rob clouds, stars, gold comets,
and to buy what is hardest to get:
the sky.
And the man is dead.

Tremors shake his forehead.
Landslides,
confused echoes,
mingled sounds of picks and shovels,
in his ears.
In his eyes,
acetylene torches
and damp, golden corridors.
In his heart,
explosions of stone, outbursts of joy, dynamite.

He dreams of mines.

Vino el que yo quería,
el que yo llamaba.

No aquel que barre cielos sin defensas,
luceros sin cabañas,
lunas sin patria,
nieves.
Nieves de esas caídas de una mano,
un nombre,
un sueño,
una frente.

No aquel que a sus cabellos
ató la muerte.

El que yo quería.

Sin arañar los aires,
sin herir hojas ni mover cristales.

Aquel que a sus cabellos
ató el silencio.

Para, sin lastimarme,
cavar una ribera de luz dulce en mi pecho
y hacerme el alma navegable.

THE GOOD ANGEL

THE one I wanted came,
the one I called.

Not the one who sweeps away defenseless skies,
stars without homes,
moons without a country,
snows.
The kind of snows that fall from a hand,
a name,
a dream,
a face.

Not the one who tied death
to his hair.

The one I wanted.

Without scraping air,
without wounding leaves or shaking windowpanes.

The one who tied silence
to his hair.

To scoop out, without hurting me,
a shoreline of sweet light inside my chest
so that my soul could sail.

1

Pensad en aquella hora:
cuando se rebelaron contra un rey en tinieblas
los ojos invisibles de las alcobas.

Lo sabéis, lo sabéis. ¡Dejadme!
Si a lo largo de mí se abren grietas de nieve,
tumbas de aguas paradas,
nebulosas de sueños oxidados,
echad la llave para siempre a vuestros párpados.
¿Qué queréis?

Ojos invisibles, grandes, atacan.
Púas incandescentes se hunden en los tabiques.
Ruedan pupilas muertas,
sábanas.

Un rey es un erizo de pestañas.

2

También,
también los oídos invisibles de las alcobas.
contra un rey en tinieblas.

Ya sabéis que mi boca es un pozo de nombres,
de números y letras difuntos.
Que los ecos se hastían sin mis palabras
y lo que jamás dije desprecia y odia al viento.
Nada tenéis que oír.
¡Dejadme!

Pero oídos se agrandan contra el pecho.
De escayola, fríos,
bajan a la garganta,

1

Consider that hour
when the invisible eyes of bedrooms
rebelled in the dark against a king.

You all know about it. Leave me alone!
If it happens that caves of snow
and tombs of stilled water
and clouds of oxidized dreams open beside me,
then lock up your eyelids forever.
What more do you want?

Large invisible eyes come at me.
Luminous spines sink into the walls.
Dead pupils roll back
and so do the sheets.

A king is a porcupine of eyelashes.

2

And that's not all.
There are also invisible ears in the bedrooms
fighting a king in the dark.

You know that my mouth is a well of names,
numbers and dead letters,
that echoes whither without my words,
that what I don't say despises and hates the wind.
There's nothing for you to hear.
Just leave me alone!

But ears grow against my chest,
cold ears of plaster,
they sink into my throat,

a los sótanos lentos de la sangre

a los tubos de los huesos.

Un rey es un erizo sin secreto

into the tubes of my bones.
into the heavy cellars of my blood,

A king is a porcupine without secrets.

TRES RECUERDOS DEL CIELO

Homenaje a Gustavo Adolfo Bécquer.

PRÓLOGO

No habían cumplido años ni la rosa ni el arcángel.
Todo, anterior al balido y al llanto.
Cuando la luz ignoraba todavía
si el mar nacería niño o niña.
Cuando el viento soñaba melenas que peinar
y claveles el fuego que encender y mejillas
y el agua unos labios parados donde beber.
Todo, anterior al cuerpo, al nombre y al tiempo.

Entonces, yo recuerdo que, una vez, en el cielo...

PRIMER RECUERDO

> *...una azucena tronchada...*
> G. A. BÉCQUER.

PASEABA con un dejo de azucena que piensa,
casi de pájaro que sabe ha de nacer.
Mirándose sin verse a una luna que le hacía espejo
   el sueño
y a un silencio de nieve, que le elevaba los pies.
A un silencio asomada.
Era anterior al arpa, a la lluvia y a las palabras.
No sabía.
Blanca alumna del aire,
temblaba con las estrellas, con la flor y los árboles.
Su tallo, su verde talle.
Con las estrellas mías
que, ignorantes de todo,
por cavar dos lagunas en sus ojos
la ahogaron en dos mares.

Y recuerdo...

Nada más: muerta, alejarse.

THREE MEMORIES OF HEAVEN

Homage to Gustavo Adolfo Becquer

PROLOGUE

Neither the rose nor the angel had been born.
It was before the bleating and weeping,
when light still didn't know
if the sea would be male or female,
when wind still dreamed of hair to comb
and fire dreamed of carnations and cheeks to burn
and water of lips set for drinking.
It was before the body, name and time.

It was then, I remember, that once in heaven . . .

FIRST MEMORY

> *. . . a snapped lily . . .*
> —G. A. Becquer

She would walk with the air of a thoughtful lily
or a bird that knows it will be born.
She looked and did not see herself in the mirror her dream had
    made from the moon.
And she looked in the silence of snow that lifted her feet.
She was there in the silence.
It was before the harp or rain or words.
She didn't know.
White pupil of the air,
she trembled, green length and stem,
with stars, with flowers, and with trees;
with my stars
so unaware of everything
they drowned her in two seas
to carve two inlets in her eyes.

And I remember . . .

Nothing more: death, the fading away.

SEGUNDO RECUERDO

> ...*rumor de besos y batir de alas*...
> G. A. BÉCQUER.

TAMBIÉN antes,
mucho antes de la rebelión de las sombras,
de que al mundo cayeran plumas incendiadas
y un pájaro pudiera ser muerto por un lirio.
Antes, antes que tú me preguntaras
el número y el sitio de mi cuerpo.
Mucho antes del cuerpo.
En la época del alma.
Cuando tú abriste en la frente sin corona, del cielo,
la primera dinastía del sueño.
Cuando tú, al mirarme en la nada,
inventaste la primera palabra.

Entonces, nuestro encuentro.

TERCER RECUERDO

> ...*detrás del abanico*
> *de plumas de oro*...
> G. A. BÉCQUER.

AÚN los valses del cielo no habían desposado al jazmín y la nieve,
ni los aires pensado en la posible música de tus cabellos,
ni decretado el rey que la violeta se enterrara en un libro.
No.
Era la era en que la golondrina viajaba
sin nuestras iniciales en el pico.
En que las campanillas y las enredaderas
morían sin balcones que escalar y estrellas.
La era
en que al hombro de un ave no había flor que apoyara la cabeza.

Entonces, detrás de tu abanico, nuestra luna primera.

SECOND MEMORY

> *. . . the sound of kisses and*
> *the beating of wings . . .*
> —G. A. BECQUER

IT was also before,
long before burning feathers fell to earth
from the rebellion of shadows
and a bird could be killed by a lily.
It was even before you could ask me
the place and number of my body.
It was long before the body.
It was in the time of the soul.
It was when you uncovered the first dynasty of dreams
in the crownless forehead of heaven,
when you saw me in nothingness
and invented the first word.

It was then that we met.

THIRD MEMORY

> *. . . behind the fan of golden*
> *feathers . . .*
> —G. A. BECQUER

THE waltzes of heaven had not yet wed jasmin and snow,
nor had the wind considered the possible music of your hair,
nor had the king decreed the violet be buried in a book.
No.
It was a time when the swallow travelled
without our initials on its beak,
when bellflowers and bindweeds
died without balconies to climb and stars.
It was a time
when no flower leaned its head on the shoulder of a bird.

It was then, behind your fan, we found our first moon.

Seriamente, en tus ojos era la mar dos niños que me espiaban,
temerosos de lazos y palabras duras.
Dos niños de la noche, terribles, expulsados del cielo,
cuya infancia era un robo de barcos y un crimen de soles y de lunas.
Duérmete. Ciérralos.

Vi que el mar verdadero era un muchacho que saltaba desnudo,
invitándome a un plato de estrellas y a un reposo de algas.
¡Sí, sí! Ya mi vida iba a ser, ya lo era, litoral desprendido.
Pero tú, despertando, me hundiste en tus ojos.

It is true, in your eyes the sea was two boys staring at me,
afraid of harsh words and of being trapped,
two terrible boys of the night, thrown out of heaven,
whose childhoods were a robbing of boats and crimes of suns
    and moons.
Close your eyes and try to sleep.

I saw that the real sea was a boy who leaped naked,
inviting me in for a dish of stars and a nap of seaweed.
Yes. Yes. My life was going to be, and already was, a shore set
    adrift.
But when you woke up, you drowned me in your eyes.

EL MAL MINUTO

Cuando para mí eran los trigos viviendas de astros y de dioses
y la escarcha los lloros helados de una gacela,
alguien me enyesó el pecho y la sombra,
traicionándome.

Ese minuto fué el de las balas perdidas,
el del secuestro, por el mar, de los hombres que quisieron ser
    pájaros,
el del telegrama a deshora y el hallazgo de sangre,
el de la muerte del agua que siempre miró al cielo.

THE BAD MOMENT

In the days when I used to think
that fields of wheat were the homes of stars and gods
and frost a gazelle's frozen tears,
somebody whitewashed my chest and my shadow,
and I was betrayed.

It was a moment of bullets gone wild,
of the sea's making off with men who wished to be birds,
of the telegram bringing bad news and the finding of blood,
of the death of the water that always had stared at the sky.

LOS ÁNGELES COLEGIALES

Ninguno comprendíamos el secreto nocturno de las pizarras
ni por qué la esfera armilar se exaltaba tan sola cuando la mi-
  rábamos.
Sólo sabíamos que una circunferencia puede no ser redonda
y que un eclipse de luna equivoca a las flores
y adelanta el reloj de los pájaros.

Ninguno comprendíamos nada:
ni por qué nuestros dedos eran de tinta china
y la tarde cerraba compases para al alba abrir libros.
Sólo sabíamos que una recta, si quiere, puede ser curva o que-
  brada
y que las estrellas errantes son niños que ignoran la aritmética.

Nㅇɴᴇ of us understood the dark secret of the blackboards
nor why the armillary sphere seemed so remote when we looked
    at it.
We knew only that a circumference does not have to be round
and that an eclipse of the moon confuses the flowers
and speeds up the timing of birds.

None of us understood anything:
not even why our fingers were made of India ink
and the afternoon closed compasses only to have the dawn open
    books.
We knew only that a straight line, if it likes, can be curved or
    broken
and that the wandering stars are children who don't know
    arithmetic.

Sin mentir, ¡qué mentira de nieve anduvo muda por mi
    sueño!
Nieve sin voz, quizás de ojos azules, lenta y con cabellos.
¿Cuándo la nieve al mirar distraída movió bucles de fuego?
Anduvo muda blanqueando las preguntas que no se respon-
    dieron,
los olvidados y borrados sepulcros para estrenar nuevos re-
    cuerdos.
Dando a cenizas, ya en el aire, forma de luz sin hueso.

LIVING SNOW

WITHOUT lying, what a lie of snow walked mutely through
    my dream,
voiceless snow, blue-eyed perhaps, slow and with long hair.
When did it shake out the curls of fire with its blank stares?
Mutely it walked, whitening questions no one could answer,
whitening tombs, erased and forgotten, in order to begin new
    memories,
giving to ashes, already in air, the shape of boneless light.

1

Lejos, lejos.
Adonde las estancias olvidan guantes de polvo
y las consolas sueñan párpados y nombres ya idos.
Un sombrero se hastía
y unos lazos sin bucles se cansan.
Si las violetas se aburren,
es porque están nostálgicas de moaré y abanicos.

Lejos, más lejos.
A los cielos rasos donde las goteras
abren sus mapas húmedos para que viajen los lechos.
Adonde los muelles se hunden sin esperanza
y rostros invisibles avetan los espejos.

Al país de las telas de araña.

2

Más lejos, mucho más lejos.
A la luna disecada entre la hoja de un álamo y la pasión de un
    libro.
Sé que hay yelos nocturnos que ocultan candelabros
y que la muerte tiembla en el sueño movible de las bujías.
Un maniquí de luto agoniza sobre un nardo.
Una voz desde el olvido mueve el agua dormida de los pianos.

Siempre, siempre más lejos.
Adonde las maderas guardan ecos y sombras de pasos,
adonde las polillas desvelan el silencio de las corbatas,
adonde todo un siglo es un arpa en abandono.

1

Go far, far away.
To rooms where gloves that have turned to dust are being
    forgotten,
where pier glasses dream of eyelids and names long gone,
where a hat is bored
and barettes without curls grow weary,
where if violets tire
it's because they're nostalgic for moiré and fans.

Go even farther away.
To rooms where leaks in the ceiling
open their damp maps so that sofas might travel,
where springs collapse without hope
and invisible faces leave streaks on the mirrors.

Go to the land of cobwebs.

2

Go even farther away than that.
Where the moon is torn between a poplar leaf and a passionate
    book,
where there are midnight frosts that candelabra conceal
and where death shivers in the unsteady sleep of the candles,
where a puppet in mourning dies over a tuberose,
where a voice from oblivion stirs the sleeping water of pianos.

Go always farther away, farther away.
Go where floors retain the echoes and shadows of footsteps,
where moths watch over the silence of neckties,
where a hundred years is a harp that has been forgotten.

EL ÁNGEL FALSO

Para que yo anduviera entre los nudos de las raíces
y las viviendas óseas de los gusanos.
Para que yo escuchara los crujidos descompuestos del mundo
y mordiera la luz petrificada de los astros,
al oeste de mi sueño levantaste tu tienda, ángel falso.

Los que unidos por una misma corriente de agua me veis,
los que acados por una traición y la caída de una estrella me
     escucháis,
acogeos a las voces abandonadas de las ruinas.
Oíd la lentitud de una piedra que se dobla hacia la muerte.

No os soltéis de las manos.

Hay arañas que agonizan sin nido
y yedras que al contacto de un hombro se incendian y llueven
     sangre.
La luna tranparenta el esqueleto de los lagartos.
Si os acordáis del cielo,
la cólera del frío se erguirá aguda en los cardos
o en el disimulo de las zanjas que estrangulan
el único descanso de las auroras: las aves.
Quienes piensen en los vivos verán moldes de arcilla
habitados por ángeles infieles, infatigables:
los ángeles sonámbulos que gradúan las órbitas de la fatiga.

¿Para qué seguir andando?
Las humedades son íntimas de los vidrios en punta
y después de un mal sueño la escarcha despierta clavos
o tijeras capaces de helar el luto de los cuervos.

Todo ha terminado.
Puedes envanecerte, en la cauda marchita de los cometas que se
     hunden,
de que mataste a un muerto,
de que diste a una sombra la longitud desvelada del llanto,
de que asfixiaste el estertor de las capas atmosféricas.

THE FALSE ANGEL

S o that I might walk among tangles of roots
and the bone houses of worms,
that I might hear the creaking of the world
and seize with my teeth the stone light of a star,
you pitched your tent west of my sleep, False Angel.

You people joined by the same current of water,
bound by an act of betrayal and the fall of a star,
look at me, listen to me, take shelter in the lost voices of ruins.
Hear the stones toll out the hours of their dying.

Don't let go of each other.

There are spiders that die without homes
and ivy that bursts into flame and rains blood when brushed by
    a shoulder
and lizards whose skeletons shine in the moonlight.
If you can remember heaven,
the fury of cold will stand up in the thistles,
in the seemingly innocent ditches that strangle
the dawn's one pleasure, the birds.
Whoever thinks always about the living will see clay molds
lived in by faithless, tireless angels,
sleepwalking angels keeping track of the orbits of weariness.

Why keep on going?
Dampness and broken glass are good friends
and after a nightmare the frost wakens nails
and scissors and freezes the mourning of ravens.

It's all over.
You can be proud of yourself, False Angel, for the faded tails of
    dying comets,
for killing a man already dead,
for weeping a tireless stream of tears over a shadow,
for smothering the air in its last breath.

Buscad, buscadlos:
en el insomnio de las cañerías olvidadas,
en los cauces interrumpidos por el silencio de las basuras.
No lejos de los charcos incapaces de guardar una nube,
unos ojos perdidos,
una sortija rota
o una estrella pisoteada.

Porque yo los he visto:
en esos escombros momentáneos que aparecen en las neblinas.
Porque yo los he tocado:
en el destierro de un ladrillo difunto,
venido a la nada desde una torre o un carro.
Nunca más allá de las chimeneas que se derrumban
ni de esas hojas tenaces que se estampan en los zapatos.

En todo esto.
Mas en esas astillas vagabundas que se consumen sin fuego,
en esas ausencias hundidas que sufren los muebles desvencijados,
no a mucha ditancia de los nombres y signos que se enfrían en
    las paredes.

Buscad, buscadlos:
debajo de la gota de cera que sepulta la palabra de un libro
o la firma de uno de esos rincones de cartas
que trae rodando el polvo.
Cerca del casco perdido de una botella,
de una suela extraviada en la nieve,
de una navaja de afeitar abandonada al borde de un precipicio.

THE DEAD ANGELS

You must look for them
in the sleeplessness of forgotten pipes,
in sewers clogged by the silence of garbage.
They are not far from puddles over which clouds move without
    stopping,
nor far from a broken ring,
a trampled star,
some lost eyes.

I know because I have seen them
in those heaps of rubbish that appear in the mist,
because I have touched them
in the no man's land of a dead brick
come to nothing from a building or cart.
They are never far from chimneys that fall
or from leaves that will cling to a shoe forever.

All that may be.
But they also exist in those splinters which burn without fire,
in those crushing desertions that pieces of broken down furniture
    suffer,
and they are not ever far from the names and signs that are
    frozen on walls.

You must look for them
under the drop of wax that buries a word in a book
or the name at the end of a letter
that lies gathering dust.
Look for them
near a lost bottlecap,
near a shoe gone astray in the snow,
near a razorblade left at the edge of a cliff.

Acordaos.
La nieve traía gotas de lacre, de plomo derretido
y disimulos de niña que ha dado muerte a un cisne.
Una mano enguantada, la dispersión de la luz y el lento asesinato.
La derrota del cielo, un amigo.

Acordaos de aquel día, acordaos
y no olvidéis que la sorpresa paralizó el pulso y el color de los
    astros.
En el frío, murieron dos fantasmas.
Por un ave, tres anillos de oro
fueron hallados y enterrados en la escarcha.
La última voz de un hombre ensangrentó el viento.
Todos los ángeles perdieron la vida.
Menos uno, herido, alicortado.

REMEMBER.
The snow brought drops of sealing-wax and molten lead
and the lies of a little girl who had killed a swan,
and a gloved hand brought the dispersion of light and the
    murder
that seemed to go on forever,
and a friend brought about the downfall of heaven.

Remember that day, remember
and do not forget the pulse and color of stars stiffened with
    surprise,
and in the cold two phantoms died,
and a bird found three gold rings
which it buried in frost;
it was the day when the last cry of a man bloodied the wind,
when all the angels lost their lives
except for one, and he was left wounded, unable to fly.

Son las hojas,
las hojas derrotadas por un abuso de querer ser eternas,
de no querer pensar durante un espacio de seis lunas en lo que
  es un desierto,
de no querer saber lo que es la insistencia de una gota de agua
  sobre un cráneo desnudo clavado a la intemperie.
Pueden sobrevenirnos otras desgracias.
¿A cuántos estamos hoy?

Se barren y amontonan con los huesos que no adquirieron
  en la vida la propiedad de una tumba.
Yo sé que te lastimo,
que ya no hay ámbito para huir,
que la sangre de mis venas ha sufrido un arrebato de humo.
Tú tenías los ojos amarillos y ahora ya no puedes comprender
  claramente lo que son las cenizas.

No estamos.
Éramos esto o aquello.

THEY HAVE GONE

They are the leaves,
leaves destroyed because they wanted to live forever,
because they didn't want to think for six moons about what
  makes a wasteland,
because they didn't want to know why a drop of water insists on
  hitting a naked skull already nailed to bad weather.
Other disgraces could occur to us.
What's the date today?

The leaves sweep themselves into piles with the bones that in
  life never acquired rights to a tomb.
I know that I hurt you,
that there is no place to escape to,
that the blood in my veins has suffered a seizure of smoke.
You had yellow eyes and now you obviously can't understand
  that they're ashes.

We *are* not.
We *were* this or that.

ESE CABALLO ARDIENDO POR LAS ARBOLEDAS PERDIDAS

ELEGÍA A FERNANDO VILLALÓN
(1881-1930)

Se ha comprobado el horror de unos zapatos rígidos contra la
última tabla de un cajón destinado a limitar por espacio de
poco tiempo la invasión de la tierra,
de esa segunda tierra que sólo habla del cielo por lo que oye
a las raíces,
de esa que sólo sale a recoger la luz cuando es herida por los
picos,
cortada por las palas
o requerida por las uñas de esas fieras y pájaros que prefieren
que el sueño de los muertos haga caer la luna sobre hoyos
de sangre.
Dejad las azoteas,
evitad los portazos y el llanto de ese niño para quien las ropas
de los rincones son fantasmas movibles.
¿Tú qué sabes de esto,
de lo que sucede cuando sobre los hombros más duros se dobla
una cabeza y de un clavo en penumbra se desprende el ay
más empolvado de una guitarra en olvido?
¿A ti qué se te importa que de un álamo a otro salte un estoque
solitario o que una banderilla de fuego haga volar la orilla
izquierda de un arroyo y petrifique el grito de los alcaravanes?
Estas cosas yo sólo las comprendo
y más aún a las once y veinte de la mañana.

Parece que fué ayer.

Y es que éste fué uno de los enterrados con el reloj de plata
en el bolsillo bajo del chaleco,
para que a la una en punto desaparecieran las islas,
para que a las dos en punto a los toros más negros se les vol-
viera blanca la cabeza,
para que a las tres en punto una bala de plomo perforara la hostia
solitaria expuesta en la custodia de una iglesia perdida en
el cruce de dos veredas: una camino de un prostíbulo y otra
de un balneario de aguas minerales

THAT BURNING HORSE IN THE LOST FORESTS

(ELEGY FOR FERNANDO VILLALON
1881–1930)

IT has been proven, the horror of a pair of stiff shoes
  against the last board of a box made to stave off
a short while the invasion of earth,
the earth that hears what it knows about heaven by listening to
  roots,
the earth that seems to gather in light only when wounded by
  picks,
cut up by shovels,
or clawed by beasts and birds that prefer the sleep of the dead
  make the moon set over graves of blood.
Leave the flat roofs alone,
avoid the slamming of doors and the cries of a child for whom
  clothes in a corner are shifting phantoms.
What do you know about any of this,
about what happens when a head slumps down on the broadest
  of shoulders or about what happens when a nail in shadow
  loosens the dustiest sigh from a forgotten guitar?
What does it matter to you that a lonely sword jumps from one
  poplar to another or that a fiery banderilla flies from the left
  bank of a brook and turns the bittern's cry to stone?
Only I understand these things
and what is more, at eleven-twenty in the morning.

It seems like only yesterday.

And that this was somebody buried with a silver watch in his
  lower vest pocket,
which meant that at one the islands would vanish,
and at two the heads of the blackest bulls would turn white,
and at three a lead bullet would pierce the lonely host left out in
  the reliquary of a church lost at the crossing of two paths: one
  going to a whorehouse, the other to a health resort

67

(y el reloj sobre el muerto),
para que a las cuatro en punto la crecida del río colgara de una
    caña el esqueleto de un pez aferrado al pernil de un pantalón
    perteneciente a un marino extranjero,
para que a las cinco en punto un sapo extraviado entre las le-
    gumbres de una huerta fuera partido en dos por la entrada
    imprevista de una rueda de coche volcado en la cuneta,
para que a las seis en punto las vacas abortadas corrieran a es-
    trellarse contra el furgón de cola de los trenes expresos,
para que a las siete en punto los hombres de las esquinas apu-
    ñalaran a esa muchacha ebria que por la puerta falsa sale a
    arrojar al centro de la calle cáscaras de mariscos y huesos de
    aceitunas
(y el reloj sobre el muerto),
para que a las ocho en punto cinco gatos con las orejas cortadas
    volcaran el vinagre y los espejos de los pasillos se agrietaran
    de angustia,
para que a las nueve en punto en la arena desierta de las plazas
    una mano invisible subrayara el lugar donde a las cuatro y
    siete de la tarde había de ser cogido de muerte un banderillero,
para que a las diez en punto por los corredores sin luz a una
    mujer llorosa se le apagaran las cerillas y al noroeste de un
    islote perdido un barco carbonero viera pasar los ojos de
    todos los ahogados
(y el reloj sobre el muerto),
para que a las once en punto dos amigos situados en distintos
    lugares de la tierra se equivocaran de domicilio y murieran
    de un tiro en el escalón décimonono de una escalera,
y para que a las doce en punto a mí se me paralizara la sangre y
    con los párpados vueltos me encontrara de súbito en una
    cisterna alumbrada tan sólo por los fuegos fatuos que des-
    prenden los fémures de un niño sepultado junto a la veta
    caliza de una piedra excavada a más de quince metros bajo
    el nivel del mar.

¡Eh, eh!

Por aquí se sale a los planetas desiertos,
a las charcas amarillentas donde hechas humo flotan las pala-
    bras heladas que nunca pudo articular la lengua de los vivos.
Aquí se desesperan los ecos más inmóviles.

(and the watch on the dead man),
which meant that at four the swollen river carrying the skeleton
    of a fish hooked to the pantleg of a foreign sailor would flow
    past a reed,
and at five a toad lost among vegetables in a garden would be
    cut in two by the unexpected entry of a wheel from a cart
    capsized in a ditch,
and at six some unhappy cows would hurl themselves against
    the caboose of an express train,
and at seven some men on a street corner would stab a drunken
    girl stepping outside her door to throw clamshells and olive
    pits into the street
(and the watch on the dead man),
which meant that at eight five cats with cropped ears would
    knock over the vinegar and hallway mirrors would crack
    with anguish,
and at nine in the deserted sand of the bullring an invisible hand
    would mark the spot where at 4:07 in the afternoon a ban-
    derillero would be gored to death,
and at ten no matches would light for a weeping woman in a
    dark hallway and northwest of a lost island a tanker would
    see the eyes of all the drowned pass by
(and the watch on the dead man),
which meant that at eleven two friends in different parts of
    the world would mistakenly enter the wrong house and be
    shot to death on the nineteenth step of a stair,
which meant that at twelve my own blood would freeze and
    with my eyes wide open I would suddenly find myself in a
    well lit only by luminous fumes rising from the thigh bones
    of a child buried beside a vein of limestone more than fifty
    feet below sea-level.

Yes. Yes.

Here is where one leaves for deserted planets,
for yellow ponds where frozen words that could never be spoken
    by the living float like smoke.
Here the strongest echoes despair.

He perdido mi jaca.
Pero es que yo vengo de las puertas a medio entornar,
de las habitaciones oscuras donde a media voz se sortean los
    crímenes más tristes,
de esos desvanes donde las manos se entumecen al encontrar de
    pronto el origen del desfallecimiento de toda una familia.
Sí,
pero yo he perdido mi jaca
y mi cuerpo anda buscándome por el sudoeste
y hoy llega el tren con dos mil años de retraso
y yo no sé quién ha quemado estos olivos.

Adiós.

I have lost my horse.
But it's because I come from half-open doors,
from dark places where the worst crimes are being plotted with
     soft voices,
from lofts where hands go numb on suddenly finding the reason
     for the wasting away of a whole family.
Yes,
but I have lost my horse
and my body walks through the southwest looking for me
and today the train arrives two thousand years late
and I don't know who has burned these olive trees.

Goodbye.

DOS NIÑOS

1

YA tú nada más esperas la aparición de esos resortes ocultos
que se abren a los delgados pasillos donde la luz se desalienta al
  presentir la muerte.
¿No se asustará el cielo de lo prematuro de tu viaje?
Te lo pregunta un alma que todavía le importa un poco la tierra.

Esos delgados pasillos que desembocan al invierno de un patio,
¿no congelan el ansia de eternidad que silba por tu sangre?
El tragaluz que se angustia sin vidrio para absorber la pena de
  una nube,
¿no paraliza en tus párpados el deseo de las horas sin orillas?
Es pronto,
demasiado pronto para que un niño se abandone a las sombras.

2

BIEN se ve que la noche le considera un muchacho distinto
del que en el día se ahoga en una gota de agua.
¿Qué sabe la golondrina del insomnio del buho?

Por caridad,
matadle sin que la aurora lo adivine.

Ha dejado su cabeza olvidada entre dos alambres.
Ha gritado su corazón para que los ecos se le volvieran en contra.
Preguntad por sus manos a las agujas que se pierden en los
  lechos.

¿Adónde va ese niño que equivoca las esquinas?

TWO CHILDREN

1

Now you need only wait for the appearance of those hidden springs
that lead to the narrow hallways where light is discouraged
    by signs of death.
A spirit who still values the earth a little asks you,
Won't heaven be scared by the untimeliness of your journey?

Don't those narrow hallways that lead to the winter of a court-
    yard
freeze the anguish of eternity that hisses through your blood?
Doesn't the open skylight, suffering because it takes in the pain
    of a cloud,
kill in your eyelids any desire for hours without end?
It is early,
much too early for a child to be left to the shadows.

2

You can easily see that the night considers a boy differently
than the day which drowns him in a drop of water.
What does the swallow know of the owl's insomnia?

For God's sake,
kill him without the dawn's having to guess if it will happen or
    not.

He has left his head forgotten between two wires.
He has shouted his heart out so that echoes would turn against
    him.
Ask the needles that have been lost in sofas for his hands.

Where is that boy going who makes wrong turns?

...AQUÍ, cuando el aire traiciona la rectitud de los lirios,
es condenado a muerte por un remolino de agua.
No es sombra de amargura la que adelantan los árboles hacia el
ocaso.
Te informará de esto el guardabosque que costean los fríos.

Si en tu país una ilusión se pierde a lo largo de los calores,
en el mío las nieves te ayudarán a encontrarla.
Si la huella de un zapato no dispone de tiempo para dormir a una
violeta,
aquí entretiene su vida en recoger el ciclo de las lluvias.

Es triste,
muy triste saber que una mano estampada en el polvo
dura menos que el recorrido que abre una hoja al morirse.

¿No te apenan esos hilos que desfallecen de pronto contra tus
mejillas
cuando despobladas de nubes se hielan en los estanques?

. . . THAT when air is disloyal to the straightness of lilies,
it be sentenced to die by whirling water;
that the shadow of sorrow need not be what trees push toward
    the west;
that the forest ranger tell you who pays for the cold;

that if in your country all hope is lost in the long heat of
    summer,
the snows in my country help you to get it back;
that if the tread of a shoe doesn't have time to put a violet to
    sleep,
you spend your life here, culling the cycles of rain.

It is sad,
very sad to know that a hand stamped in dust
lasts a shorter time than it takes a leaf to face up to its death.

Isn't it painful when those threads suddenly die against your
    cheeks,
when emptied from clouds they freeze in pools?

Cada vez más caído,
más distante de las superficies castigadas por los pies de los
   combatientes
o más lejos de los que apoyándose en voz baja sobre mis hom-
   bros quisieran retenerme como pedazo vacilante de tierra.
Veo mi sangre a un lado de mi cuerpo,
fuera de él precipitarse como un vértigo frío.
Y esta lengua,
esta garganta constituída ya para ahogar ese poco de agua que
   se oye siempre en todos los adioses,
esta lengua y esta garganta me hacen pesado el mundo,
huir y enmudecer antes de tiempo.

Allá abajo,
perdido en esa luz que me trata lo mismo que a un muerto más
   entre las tumbas.
junto al peligro de los nombres que se pulverizan,
con la lejana tristeza del que no pudo hablar de sus viajes,
a derecha e izquierda de los demasiado solos te espero.

Mᴏʀᴇ fallen each time,
more distant from surfaces punished by the feet of soldiers,
farther away from those with soft voices who lean over my
    shoulders, wanting to hold me in check as if I were a shifting
    piece of earth.
I see my blood beside my body
that fell like a freezing whirlwind.
And this tongue,
this throat now ready to stifle that drop of water one hears in
    every goodbye,
this tongue and this throat that have made the world so boring
    to me,
I wish they would go away and not tell me about it.

There below,
lost in the light that treats me just like another corpse among
    the tombs,
next to the danger of names that are turning to dust,
there with the distant sadness of those who cannot speak of their
    travels,
to the right and left of those too much alone I wait for you.

Mi corbata, mis guantes.
Mis guantes, mi corbata.

La mariposa ignora la muerte de los sastres,
la derrota del mar por los escaparates.
Mi edad, señores, 900.000 años.
¡Oh!

Era yo un niño cuando los peces no nadaban,
cuando las ocas no decían misa
ni el caracol embestía al gato.
Juguemos al ratón y al gato, señorita.

Lo más triste, caballero, un reloj:
las 11, las 12, la 1, las 2.

A las tres en punto morirá un transeúnte.
Tú, luna, no te asustes,
tú, luna, de los taxis retrasados,
luna de hollín de los bomberos.

La ciudad está ardiendo por el cielo,
un traje igual al mío se hastía por el campo.
Mi edad, de pronto, 25 años.

Es que nieva, que nieva
y mi cuerpo se vuelve choza de madera.
Yo te invito al descanso, viento.
Muy tarde es ya para cenar estrellas.

Pero podemos bailar, árbol perdido.
Un vals para los lobos,
para el sueño de la gallina sin las uñas del zorro.

Se me ha extraviado el bastón.
Es muy triste pensarlo solo por el mundo.
¡Mi bastón!

Mi sombrero, mis puños,
mis guantes, mis zapatos.

My necktie, my gloves.
My gloves, my necktie.

The butterfly knows nothing about the death of the tailors,
about wardrobes conquering the sea.
Gentlemen, my age is 900,000 years.
Wow!

I was a boy when fish didn't swim,
when geese didn't say mass
or the snail attack the cat.
Miss, let's play at cat and mouse.

The saddest thing, mister, is a watch:
11, 12, 1, 2.

At three on the dot a passerby will drop dead.
You, moon, moon of late taxis,
smokey moon of firemen,
don't be scared.

The city is burning in the sky,
clothing like mine gets sick of the country.
My age is suddenly 25.

Because it snows, it snows
and my body turns into a wooden shack.
Wind, I invite you to rest.
It is too late to dine on stars.

But we can dance, lost tree,
a waltz for wolves,
for the sleep of the hen without fox's claws.

I have mislaid my cane.
It is very sad to think of it alone in the world.
My cane!

My hat, my cuffs,
my gloves, my shoes.

El hueso que más duele, amor mío, es el reloj:
las 11, las 12, la 1, las 2.

Las 3 en punto.
En la farmacia se evapora un cadáver desnudo.

The bone that hurts most, my love, is the watch:
11, 12, 1, 2.

3 on the dot.
In the pharmacy a nude cadaver evaporates.

¿Tiene usted el paraguas?
Avez-vous le parapluie?

No, señor, no tengo el paraguas.
Non, monsieur, je n'ai pas le parapluie.

Alicia, tengo el hipopótamo.
l'hippopotame para ti.
Avez-vous le parapluie?

Oui.
Yes.
Sí.

Que, mal, quien, cuyo.
Si la lagarta es amiga mía,
evidentemente el escarabajo es amigo tuyo.
¿Fuiste tú la que tuvo la culpa de la lluvia?
Tú no tuviste nunca la culpa de la lluvia.
Alicia, Alicia, yo fuí,
yo que estudio por ti
y por esta mosca inconsciente, ruiseñor de mis gafas en flor.

29, 28, 27, 26, 25, 24, 23, 22.
$2\pi r$, $\pi r2$
y se convirtió en mulo Nabucodonosor
y tu alma y la mía en un ave real del Paraíso.

Ya los peces no cantan en el Nilo
ni la luna se pone para las dalias del Ganges.

Alicia,
¿por qué me amas con ese aire tan triste de cocodrilo
y esa pena profunda de ecuación de segundo grado?

Le printemps pleut sur Les Anges.

La primavera llueve sobre Los Ángeles
en esa triste hora en que la policía

HAROLD LLOYD, STUDENT

Do you have the umbrella?
Avez-vous le parapluie?

No, sir, I do not have the umbrella.
Non, monsieur, je n'ai pas le parapluie.

Alice, I have the hippopotamus.
L'hippopotame for you.
Avez-vous le parapluie?

Oui.
Sí.
Yes.

That, which, who, whose.
If the she-lizard is my friend,
then clearly the he-beetle is your friend.
Was it your fault that it rained?
No, the rain was not your fault.
Alice, Alice, it was my fault,
I who study for you
and for this unknowing fly, flowering nightingale of my glasses.

29, 28, 27, 26, 25, 24, 23, 22.
$2\pi r, \pi r^2$
and converted itself into the mule, Nebuchadnezzar,
and your soul and mine into a royal bird of paradise.

Fish no longer sing in the Nile
nor does the moon set for the dahlias of the Ganges.

Alice,
why do you love me with that sad crocodile air
and the deep pain of a quadratic equation?

Le printemps pleut sur Les Anges.

The Spring rains over Los Angeles
in that sad hour when the police

ignora el suicidio de los triángulos isósceles
mas la melancolía de un logaritmo neperiano
y el unibusquibusque facial.

En esa triste hora en que la luna viene a ser casi igual
a la desgracia integral
de este amor mío multiplicado por X
y a las alas de la tarde que se dobla sobre una flor de acetileno
o una golondrina de gas.

De este puro amor mío tan delicadamente idiota.
Quousque tandem abutere Catilina patientia nostra?

Tan dulce y deliberadamente idiota,
capaz de hacer llorar a la cuadratura del círculo
y obligar a ese tonto de D. Nequaqua Schmit a subastar públi-
   camente esas estrellas propiedad de los ríos
y esos ojos azules que me abren los rascacielos.

¡Alicia, Alicia, amor mío!
¡Alicia, Alicia, cabra mía!
Sígueme por el aire en bicicleta,
aunque la policía no sepa astronomía,
la policía secreta.

Aunque la policía ignore que un soneto
consta de dos cuartetos
y dos tercetos.

are unaware of the suicide of the isoceles triangles,
the melancholy of a Naperian logarithm
and the *facial unibusquibusque.*

In that sad hour when the moon becomes almost equal
to the whole misfortune
of this love of mine multiplied by X
and to the wings of the afternoon that fold
over an acetylene flower
or a bird of gas.

Of this my pure love so delicately idiotic.
Quousque tandem abutere Catilina patientia nostra?

So sweet and deliberately idiotic,
capable of making the square of a circle cry
and obliging that fool, Mr. Nequaqua Schmitt,
to sell at public auction those stars that belong to the river
and those blue eyes that skyscrapers open to me.

Alice, Alice, my love!
Alice, Alice, my nanny!
Follow me by bicycle through the air
even though the police may not know astronomy,
the secret police.

Even though the police may not know that a sonnet
consists of two quatrains
and two tercets.

BUSTER KEATON BUSCA POR EL BOSQUE A SU NOVIA, QUE ES UNA VERDADERA VACA

1, 2, 3 y 4.
En estas cuatro huellas no caben mis zapatos.
Si en estas cuatro huellas no caben mis zapatos,
¿de quién son estas cuatro huellas?
¿De un tiburón,
de un elefante recién nacido o de un pato?
¿De una pulga o de una codorniz?

(Pi, pi, pi.)

¡Georginaaaaaaaaa!
¿Dónde estás?
¡Que no te oigo, Georgina!
¿Qué pensarán de mí los bigotes de tu papá?

(Paapááááá.)

¡Georginaaaaaaaaa!
¿Estás o no estás?

Abeto, ¿dónde está?
Alisio, ¿dónde está?
Pinsapo, ¿dónde está?

¿Georgina pasó por aquí?

(Pi, pi, pi, pi.)

Ha pasado a la una comiendo yerbas.
Cucú,
el cuervo la iba engañando con una flor de reseda.
Cuacuá,
la lechuza con una rata muerta.

¡Señores, perdonadme, pero me urge llorar!
(Guá, guá, guá.)

1, 2, 3, 4,
My shoes don't fit in these four tracks.
If my shoes don't fit in these four tracks,
whose tracks are they?
A shark's?
A new-born elephant's? A duck's?
A flea's? A quail's?

(Yooo Hooo)

Georginaaaaaaaaa!
Where are you?
I don't hear you, Georgina!
What will your father's mustache think of me?

(PaaaPaaaaa)

Georginaaaaaaaaa!
Are you here or not?

Spruce, where is she?
Alder, where is she?
Pine, where is she?

Has Georgina come by here?

(Yooo Hooo, Yooo Hooo.)

She came by at one, munching grass.
Caw caw,
the crow was leading her on with some mignonette.
Wooo wooo,
the owl with a dead mouse.

Excuse me, gentlemen, but it makes me want to cry!
(Booo hooo, booo hooo.)

¡Georgina!
Ahora que te faltaba un sólo cuerno
para doctorarte en la verdaderamente útil carrera de ciclista
y adquirir una gorra de cartero.

(Cri, cri, cri, cri.)

Hasta los grillos se apiadan de mí
y me acompaña en mi dolor la garrapata.
Compadécete del smoking que te busca y te llora entre los
    aguaceros
y del sombrero hongo que tiernamente
te presiente de mata en mata.

¡Georginaaaaaaaaaaaaaaaaaa!

(Maaaaaaa.)

¿Eres una dulce niña o eres una verdadera vaca?
Mi corazón siempre me dijo que eras una verdadera vaca.
Tu papá, que eras una dulce niña.
Mi corazón, que eras una verdadera vaca.
Una dulce niña.
Una verdadera vaca.
Una niña.
Una vaca.
¿Una niña o una vaca?
O ¿una niña y una vaca?
Yo nunca supe nada.

Adiós, Georgina.

(¡Pum!)

Georgina!
Now you are short only one horn
of acquiring a postman's cap and a doctorate
in the truly useful profession of cyclist.

(Cri, cri, cri, cri.)

Even the crickets pity me
and the tick shares my sorrow.
Pity him in the tuxedo who looks for you and cries for you
in one rainstorm after another,
the soft-hearted one, the one in the derby,
who worries about you among the trees.

Georginaaaaaaaaaaaaaaaaa!

(Mooooooooooooo.)

Are you a sweet child or a real cow?
My heart always told me that you were a real cow.
Your father, that you were a sweet child.
My heart, that you were a real cow.
A sweet child.
A real cow.
A child.
A cow.
A child or a cow?
Or a child and a cow?
I never found out.
                    Goodbye, Georgina.
                              (Bang!)

EN EL DÍA DE SU MUERTE A MANO ARMADA

Decidme de una vez si no fué alegre todo aquello.
5 × 5 entonces no eran todavía 25
ni el alba había pensado en la negra existencia de los malos
   cuchillos.

Yo te juro a la luna no ser cocinero,
tú me juras a la luna no ser cocinera,
él nos jura a la luna no ser siquiera humo de tan tristísima
   cocina.

¿Quién ha muerto?

La oca está arrepentida de ser pato,
el gorrión de ser profesor de lengua china,
el gallo de ser hombre,
yo de tener talento y admirar lo desgraciada
que suele ser en el invierno la suela de un zapato.

A una reina se le ha perdido su corona,
a un presidente de república su sombrero,
a mí...

       Creo que a mí no se me ha perdido nada,
       que a mí nunca se me ha perdido nada,
       que a mí...

       ¿Qué quiere decir buenos días?

ON THE DAY OF HIS DEATH
BY AN ARMED HAND

Come right out and tell me if those weren't the good old days.
5 × 5 was not yet 25
nor had the dawn considered the pointless existence of knives
    gone dull.

I swear to you by the moon I won't be a cook,
you swear to me by the moon you won't be a cook,
he swears to us by the moon he won't even be smoke in such a
    sad kitchen.

Who died?

The goose is sorry for being a duck,
the sparrow for being a professor of Chinese,
the rooster for being a man,
and I for having talent and marveling at how miserable
the sole of a shoe usually is in winter.

A queen has lost her crown,
a president of a republic his hat,
and I . . .

> I believe that I have lost nothing,
> that I have never lost anything,
> that I . . .

> What does buenos días mean?

METAMORFOSIS DEL CLAVEL

1

JUNTO a la mar y un río y en mis primeros años,
quería ser caballo.

Las orillas de juncos eran de viento y yeguas.
Quería ser caballo.

Las colas empinadas barrían las estrellas.
Quería ser caballo.

Escucha por la playa, madre, mi trote largo.
Quería ser caballo.

Desde mañana, madre, viviré junto al agua.
Quería ser caballo.

En el fondo dormía una niña cuatralba.
Quería ser caballo.

2

¿QUÉ tengo en la mano?
(¡Que se te convierte en concha!)

¿Qué tengo en la mano?
(¡Que se te convierte en árbol!)

¿Qué tengo en la mano?
(¡Que se te convierte en hojas!)

¿Qué tengo en la mano?
(¡Que se te convierte en nardos!)

METAMORPHOSIS OF THE CARNATION

to Richard E. Molinari

1

BY the sea and a river and in my early years,
I wanted to be a horse.

The shores of rushes were made of wind and mares.
I wanted to be a horse.

Their high-arching tails brushed the stars.
I wanted to be a horse.

At the beach, Mother, listen to my slow-paced trot.
I wanted to be a horse.

After tomorrow, Mother, I shall live by the sea.
I wanted to be a horse.

A four-legged girl sleeps in its depths.
I wanted to be a horse.

2

WHAT do I have in my hand?
(I hope it turns into a shell for you.)

What do I have in my hand?
(I hope it turns into a tree for you.)

What do I have in my hand?
(I hope it turns into leaves for you.)

What do I have in my hand?
(I hope it turns into a tuberose for you.)

Eʟ caballo pidió sábanas,
rizadas como los ríos.
Sábanas blancas.

Quiero ser hombre una noche.
Llamadme al alba.

La mujer no lo llamó.
(Nunca más volvió a su cuadra.)

Sᴇ equivocó la paloma.
Se equivocaba.

Por ir al norte, fué al sur.
Creyó que el trigo era agua.
Se equivocaba.

Creyó que el mar era el cielo;
que la noche, la mañana.

Se equivocaba.
Que las estrellas, rocío;
que la calor, la nevada.
Se equivocaba.

Que tu falda era tu blusa;
que tu corazón, su casa.
Se equivocaba.

(Ella se durmió en la orilla.
Tú, en la cumbre de una rama.)

3

The horse asked for sheets
that were rippled like rivers,
sheets that were white.

"I want to be a man just for one night.
You can call me at dawn."

The woman did not call him.
(He never went back to his stable.)

4

The dove made a mistake.
It was mistaken.

To go north it went south.
It thought that wheat was water.
It was mistaken.

It thought that the sea was the sky,
that night was morning.

It was mistaken.
That stars were dew,
that fire was snow.
It was mistaken.

That your skirt was your blouse,
that your heart was its home.
It was mistaken.

(It slept on the shore,
and you in the high branch of a tree.)

95

Al alba, se asombró el gallo.

El eco le devolvía
voz de muchacho.

Se halló signos varoniles,
el gallo.

Se asombró el gallo.

Ojos de amor y pelea,
saltó a un naranjo.
Del naranjo, a un limonar;
de los limones, a un patio;
del patio, saltó a una alcoba,
el gallo.

La mujer que allí dormía
lo abrazó.

Se asombró el gallo.

6

La vaca,
en la grama.

—Quiero ser mujer de casa.

El hombre,
en su cuarto.

—Quiero ser toro del campo.

(Al cruzarse los deseos,
brincó un niño colorado.)

5

At dawn the rooster was shaken.

His echo came back to him
in a boy's voice.

The rooster
found masculine signs.

The rooster was shaken.

With eyes full of love and battles,
he leaped to an orange tree.
From the orange tree to a lemon tree,
from the lemon tree to a courtyard,
from the courtyard to a bedroom,
went the rooster.

The woman who was sleeping there
embraced him.

The rooster was shaken.

6

The cow
in the field.

"I want to be the lady of the house."

The man
in his room.

"I want to be a bull in the field."

(Where their wishes crossed,
A blushing child leaped up.)

97

¡Amor!, gritó el loro.
(Nadie le contestó de un chopo a otro.)

¡Amor, amor mío!
(Silencio de pino a pino.)

¡Amooor!
(Tampoco el río le oyó.)

¡Me muero!

(Ni el chopo,
ni el pino,
ni el río
fueron a su entierro.)

Love!" screeched the parrot.
(No answer from the poplars.)

"My love, my love!"
(Silence in the pines.)

"Looove!"
(No sound from the river either.)

"I am dying!"
(The poplar,
the pine,
the river,
none of them went to his funeral.)

Sɪ el aire se dijera un día:
                    —Estoy cansado,
rendido de mi nombre... Ya no quiero
ni mi inicial para firmar el bucle
del clavel, el rizado de la rosa,
el plieguecillo fino del arroyo,
el gracioso volante de la mar y el hoyuelo
que ríe en la mejilla de la vela...

Desorientado, subo de las blandas,
dormidas superficies
que dan casa a mi sueño.
Fluyo de las paradas enredaderas, calo
los ciegos ajimeces de las torres;
tuerzo, ya pura delgadez las calles
de afiladas esquinas, penetrando,
roto y herido de los quicios, hondos
zaguanes que se van a verdes patios
donde el agua elevada me recuerda,
dulce y desesperada, mi deseo...

Busco y busco llamarme
¿con qué nueva palabra, de qué modo?
¿No hay soplo, no hay aliento,
respiración capaz de poner alas
a esa desconocida voz que me denomine?

Desalentado, busco y busco un signo,
un algo o alguien que me sustituya,
que sea como yo y en la memoria
fresca de todo aquello, susceptible
de tenue cuna y cálido susurro,
perdure con el mismo
temblor, el mismo hálito
que tuve la primera

TO LUIS CERNUDA:
LOOKING FOR SOUTHERN AIR
IN ENGLAND

Suppose the air said to itself one day:
I am tired,
dead tired of my name . . . I no longer want
even my initial to sign the carnation's curl,
the rose's ripple,
the river's fine folds,
the sea's graceful flowing and the dimple
that laughs in the sail's cheek . . .

I rise from the soft,
slumbering surfaces
housing my sleep.
I flow from hanging vines, I slip through
the blind, arched-windows of towers;
already thinness itself, I turn
sharp-cornered streets, entering,
broken and wounded by doorways,
long halls that lead to green patios
where jetting water, sweet and hopeless,
reminds me of what I wish for . . .

I look and look for a name for myself,
but I don't know how.
Isn't there any breeze, or breath
able to lift into view
the word that would name me?

More and more tired, I look for a sign,
a something or someone to take my place,
who would be like me and live like me
in the fresh memory of things, who would
be moved by cradle and cradlesong,
who would endure with the same
trembling, the same breath
that was mine the first morning

mañana en que al nacer, la luz me dijo:
—Vuela. Tú eres el aire.

Si el aire se dijera un día eso...

of my life when light said to me:
"Fly. You are the air."

Suppose the air said to itself one day . . .

RETORNOS DE UN DÍA DE CUMPLEAÑOS

Subí yo aquella tarde
con mis primeros versos
a la sola azotea
donde entre madreselvas y jazmines
él en silencio ardía.
Le llevaba yo estrofas
de mar y marineros,
médanos amarillos,
añil claro de sombras
y muros de cal fresca
estampados de fuentes y jardines.
Le llevaba también
tardes de su colegio,
horas tristes de estudio,
mapas coloreados,
azul niño de atlas,
pizarras melancólicas,
blancas del sufrimiento de los números.
Subía yo este ramo
de naturales, tiernas,
alegres, breves cosas sucedidas,
con el mismo temblor
de árbol sobrecogido
que en un día de fiesta
me cubrió cuando quise
llegar al pararrayos de la torre.
Estaba él derramado
como cera encendida en el crepúsculo,
sobre el pretil abierto
a los montes con nieve perdonada
por la morena mano
de junio que venía.
Hablamos con vehemencia
de nuestro mar, lo mismo
que del amigo ausente
a quien se está queriendo
ver de un momento a otro

"

GOING BACK TO A BIRTHDAY

J.R.J.

THAT afternoon I climbed
with my first poems
to the lonely rooftop
where he glowed in the silence
among honeysuckle and jasmine.
he glowed in the silence.
I brought him stanzas
about the sea and sailors,
yellow dunes,
the clear indigo of shadows
and walls of fresh lime
figured with fountains and gardens.
I also brought him
his school afternoons,
sad hours of study,
colored maps,
the baby-blue of atlases,
melancholy blackboards
white from the suffering of numbers.
I used to climb that bough
of tender, joyful, brief
everyday happenings
with the same trembling
I felt when I climbed
the astonished tree
that protected me once
when I wanted to reach
the lightning rods on the tower.
Like a candle
burning at twilight,
he would lean on the railing
open to the mountains,
their snow spared
by the brown hand of June.
We spoke with passion
of our sea, the way one would
of an absent friend
he has not seen for many years

después de muchos años.
Cuando se entró la noche
y apenas le veía,
era su opaca voz,
era tal vez la sombra
de su voz la que hablaba
todavía del mar,
del mar como si acaso
no fuera a llegar nunca.
¡Oh señalado tiempo!
Él entonces tenía
la misma edad que hoy,
dieciseis de diciembre,
tengo yo aquí, tan lejos
de aquella tarde pura
en que le subí el mar
a su sola azotea.

and wished to be with constantly.
When night entered
and I could hardly see him,
his dark voice was there,
or maybe the shadow
of his voice,
still speaking of the sea,
of the sea as if
he might not see it again.
Fateful time!
He was then
the same age that I am today,
December sixteenth,
here, so far
from that pure afternoon
when I took him the sea
up to his lonely rooftop.

Esta tarde te alivian los colores: el verde,
aparecido niño grácil de primavera,
el claro mar del cielo que cambia en los cristales
el ala sonreída de un añil mensajero.

Te hacen viajar el blanco tembloroso y erguido
que abren las margaritas contra la enredadera,
el marfil de los senos nacientes del magnolio,
el albo de las calas de pie sobre el estanque.

Piensas en los colores lejanos de otros días:
aquel azul dormido de espalda en los esteros,
el áureo de las piedras derribadas al borde
de los dientes antiguos de su mar endiosado.

Escuchas en el rosa del rosal el caído
de los lazos tronchados tras el balcón del arpa,
y en el negro fulgente de las sombras, el lustre
del sombrero difunto de los altos abuelos.

No pierdas los colores que te juegan caminos
esta tarde en tu breve jardín murado. Mira.
Aquí están. Tú los tocas. Son los mismos colores
que en tu corazón viven ya un poco despintados.

GOING BACK THROUGH COLOR

COLORS calm you this afternoon: green
shows up like a child of spring,
in the windows a clear sea of sky changes
the smiling wing of an indigo pigeon.

The proud and trembling whites
that daisies open against the vines make you go back,
the ivory of the magnolia's budding breasts,
the snow-white of footprints over the pond.

You think of the distant colors of other days:
that blue asleep on its back on the marshes,
the gold of stones fallen beside
the ancient teeth of the sea they worship.

In the rose of the rosebush you hear the torn
bows falling behind the harp's balcony,
and in the bright black of shadows, you see the luster
of the dead hats of tall grandfathers.

Don't lose the colors that open paths for you
in your small walled garden this afternoon. Look.
Here they are. Touch them. They are the same colors
that live in your heart, a little faded now.

RETORNOS DEL AMOR EN LOS VIVIDOS PAISAJES

Creemos, amor mío, que aquellos paisajes
se quedaron dormidos o muertos con nosotros
en la edad, en el día en que los habitamos;
que los árboles pierden la memoria
y las noches se van, dando al olvido
lo que las hizo hermosas y tal vez inmortales.

Pero basta el más leve palpitar de una hoja,
una estrella borrada que respira de pronto
para vernos los mismos alegres que llenamos
los lugares que juntos nos tuvieron.
Y así despiertas hoy, mi amor, a mi costado,
entre los groselleros y las fresas ocultas
al amparo del firme corazón de los bosques.

Allí está la caricia mojada de rocío,
las briznas delicadas que refrescan tu lecho,
los silfos encantados de ornar tu cabellera
y las altas ardillas misteriosas que llueven
sobre tu sueño el verde menudo de las ramas.

Sé feliz, hoja, siempre: nunca tengas otoño,
hoja que me has traído
con tu temblor pequeño
el aroma de tanta ciega edad luminosa.
Y tú, mínima estrella perdida que me abres
las íntimas ventanas de mis noches más jóvenes,
nunca cierres tu lumbre
sobre tantas alcobas que al alba nos durmieron
y aquella biblioteca con la luna
y los libros aquellos dulcemente caídos
y los montes afuera desvelados cantándonos.

THE COMING BACK OF LOVE IN BRIGHT LANDSCAPES

WE believe, my love, that those landscapes
have remained asleep or dead with whatever we were
in the times, in the days, when we inhabited them;
we believe that trees lose their memory
and that nights pass, giving to oblivion
what made them beautiful and maybe immortal.

But the slightest trembling of a leaf
or the sudden breathing of a faded star is enough
for us to have the same joys those places
filled us with and gave us together.
And so today, my love, you waken at my side
among the currants and hidden strawberries
sheltered by the constant heart of the woods.

There is the damp caress of dew,
the delicate grasses that cool your bed,
the charmed sylphs that adorn your long hair
and the high mysterious squirrels that rain
the small green of branches upon your sleep.

Leaf, be happy always; you that have brought me
with your slight trembling
the aroma of such blind luminous days,
may you never know autumn.
And you, smallest of lost stars that opens for me
the intimate windows of my earliest nights,
never shut off your light
over all the bedrooms we slept in till dawn,
nor in the moonlit library,
nor over those books in sweet disorder,
nor over the mountains outside awake and singing to us.

ESTA mañana, amor, tenemos veinte años.
Van voluntariamente lentas, entrelazándose
nuestras sombras descalzas camino de los huertos
que enfrentan los azules del mar con sus verdores.
Tú todavía eres casi la aparecida,
la llegada una tarde sin luz entre dos luces,
cuando el joven sin rumbo de la ciudad prolonga,
pensativo, a sabiendas el regreso a su casa.
Tú todavía eres aquella que a mi lado
vas buscando el declive secreto de las dunas,
la ladera recóndita de la arena, el oculto
cañaveral que pone
cortinas a los ojos marineros del viento.
Allí estás, allí estoy contra ti, comprobando
la alta temperatura de las olas felices,
el corazón del mar ciegamente ascendido,
muriéndose en pedazos de dulce sal y espumas.
Todo nos mira alegre, después, por las orillas.
Los castillos caídos sus almenas levantan,
las algas nos ofrecen coronas y las velas,
tendido el vuelo, quieren cantar sobre las torres.

Esta mañana, amor, tenemos veinte años.

THE COMING BACK OF LOVE ON THE SANDS

This morning, love, we are twenty years old.
Slowly, of their own free will,
our barefoot shadows entwine, walking
from the orchards that face the sea's blue with their greens.
You are still almost the same vision
that came one lightless evening between two lights
when a young man, lost in thought, made sure
to take the long way home from town.
You are still the one at my side,
searching for the secret incline of the dunes,
the hidden slope of sand, the concealed
reeds that form
shades before the sea eyes of the wind.
There you are, and there I am beside you, checking
the high temperature of the happy waves,
the sea's heart blindly risen,
and dying in bits of sweet salt and spindrift.
And later, on the shore, everything looks at us joyfully.
The fallen castles lift their battlements,
seaweed offers us crowns, and sails,
bellied in flight, want to sing over the towers.

This morning, love, we are twenty years old.

Madre hermosa, tan triste y alegre ayer, me muestras
hoy tu rostro arrugado en la mañana
en que paso ante ti sin poder todavía,
después de tanto tiempo, ni abrazarte.
Sales de las estrellas de la noche
mediterránea, el ceño de neblina,
fuerte, amarrada, grande y dolorosa.
Se ve la nieve en tus cabellos altos
de Granada, teñidos para siempre
de aquella sangre pura que acunaste
y te cantaba —¡ay sierras!— tan dichosa.
No quiero separarte de mis ojos,
de mi corazón, madre, ni un momento
mientras te asomas, lejos, a mirarme.
Te doy vela segura, te custodio
sobre las olas lentas de este barco,
de este balcón que pasa y que me lleva
tan distante otra vez de tu amor, madre mía.
Éste es mi mar, el sueño de mi infancia
de arenas, de delfines y gaviotas.
Salen tus pueblos escondidos, rompen
de tus dulces cortezas litorales,
blancas de cal las frentes, chorreados
de heridas y de sombras de tus héroes.
Por aquí la alegría corrió con el espanto.
Por ese largo y duro
costado que sumerges en la espuma,
fué el calvario de Málaga a Almería,
el despiadado crimen,
todavía —¡oh vergüenza!— sin castigo.
Quisiera me miraras pasar hoy jubiloso
lo mismo que hace tiempo
era dentro de ti,
colegial o soldado,
voz de tu pueblo, canto ardiente y libre
de tus ensangrentadas,

FACING THE SPANISH COAST

(from the "Florida")

BEAUTIFUL mother, so sad and yesterday so happy, today
you show me your wrinkled face in the morning
as I pass before you still powerless,
after so much time, even to embrace you.
You rise from the stars of the Mediterranean
night, frowning with mist,
strong, bound, huge and painful.
Snow can be seen on your high hair
of Granada, stained forever
with the pure blood that cradled you
and sang to you—oh mountains!—so happy.
I don't want to take you from my eyes,
from my heart, mother, not for one moment
as you become visible, far off, to look at me.
I give you my steady gaze, I watch you
over the slow waves of this boat,
from this deck that passes and carries me
again far away from your love, my mother.
This is my sea, the dream of my childhood
of sand, of dolphins and seagulls.
Your people secretly leave you, they break
from your sweet coastal skin,
your face white as chalk, streaked
with wounds and shadows of your heroes.
Along here joy fled with terror.
Over this long and hard side
you sink into the surf,
the suffering went from Málaga to Almería,
the pitiless crime,
still—shamelessly—unpunished.
I wish you would look at me passing today joyful
the same as when long ago
I was inside you,
schoolboy or soldier,
voice of your people, singing passionate and free
of your bloodstained,

verdes y altas coronas conmovidas.
Dime adiós, madre, como yo te digo,
sin decírtelo casi, adiós, que ahora,
ya otra vez sólo mar y cielo solos,
puedo vivir de nuevo, si lo mandas,
morir, morir también, si así lo quieres.

green and high shaken crowns.
Say goodbye, mother, the way I do,
almost without saying it, goodbye, so that now,
once more there is only sea and sky by themselves,
I can live again, if you command it,
die, die also, if that's what you want.

Has vuelto a mí más viejo y triste en la dormida
luz de un sueño tranquilo de marzo, polvorientas
de un gris inesperado las sienes, y aquel bronce
de olivo que tu mágica juventud sostenía,
surcado por el signo de los años, lo mismo
que si la vida aquella que en vida no tuviste
la hubieras paso a paso ya vivido en la muerte.

Yo no sé qué has querido decirme en esta noche
con tu desprevenida visita, el fino traje
de alpaca luminosa, como recién cortado,
la corbata amarilla y el sufrido cabello
al aire, igual que entonces
por aquellos jardines de estudiantiles chopos
y calientes adelfas.

Tal vez hayas pensado —quiero explicarme ahora
ya en las claras afueras del sueño— que debías
llegar primero a mí desde esas subterráneas
raíces o escondidos manantiales en donde
desesperadamente penan tus huesos.
                              Dime
confiésame, confiésame
si en el abrazo mudo que me has dado, en el tierno
ademán de ofrecerme una silla, en la simple
manera de sentarte junto a mí, de mirarme,
sonreír y en silencio, sin ninguna palabra,
dime si no has querido significar con eso
que, a pesar de las mínimas batallas que reñimos,
sigues unido a mí más que nunca en la muerte
por las veces que acaso
no lo estuvimos —¡ay, perdóname!— en la vida.

Si no es así, retorna nuevamente en el sueño
de otra noche a decírmelo.

THE COMING BACK OF AN
ASSASSINATED POET

YOU have come back to me older and sadder in the drowsy
light of a quiet dream in March, your dusty temples
disarmingly gray, and that olive
bronze you had in your magical youth,
furrowed by the passing of years, just as if
you lived out slowly in death
the life you never had while you were alive.

I do not know what you wanted to tell me tonight
with your unexpected visit, the fine alpaca
suit, looking like new, the yellow tie,
and you, hatless, the same as when
you walked through those gardens of poplars
and hot oleanders.

Maybe you thought—I want to explain myself
now that I stand outside the dream—that you
had to come first to me from those buried
roots or hidden springs where
your bones despair.
                    Tell me,
tell me,
if in the mute embrace you have given me,
in the tender gesture of offering me a chair, in the simple
manner of sitting near me, of looking at me,
smiling and in silence, without a single word,
tell me if you did not mean
that in spite of our minor disagreements,
you remain joined to me more than ever in death
for the times perhaps
we were not—oh, forgive me!—in life.

If this is not true, come back again in a dream
some other night to tell me so.

(1958)

¿DÓNDE estás tú, mi amigo,
de dónde vienes tú, desde qué fondo
de los años me llegas,
en este mediodía tan distante
de aquellos otros o de aquellas noches
en las que te encontraba,
alto, pulido y rubio,
ya como en busca de lo que iba a darte
con el tiempo esa voz en la que alienta
todavía el verdor claro de entonces?

Han pasado las cosas. Han caido
mares de oscuridad, negros telones.
Precipitadas nieblas en derrumbe
nos han ahogado hasta quedar algunas
sangres preciosas sepultadas. Óyelas,
como yo las escucho, aquí, tan lejos,
tanto, que con las manos puedo, a veces,
tocarles el sonido...
                    Sí, han pasado,
han pasado las cosas. Pero mira:
siempre la muerte retrocede, siempre
sus yertas oleadas ceden paso
a esa doliente luz donde se abre,
niño feliz de espuma azul, la vida.

Y así, mi amigo, ahora,
en este mediodía tan distante,
de sol subido en las mecidas cumbres
de los bosques, de pájaros, de cielos,
de estas involuntarias extensiones
que hace tiempo me habitan, tú me llegas
nuevo otra vez, reverdecido y joven,
como si tantos años sucedidos
hubieran sido únicamente un día,
sólo un día sin sombras.

THE COMING BACK OF VICENTE ALEIXANDRE

(1958)

Where are you, my friend,
where are you coming from, from what depth
of years do you come to me
this noon so far
from those other noons or those nights
in which I would meet you,
tall, trim, and blond,
as if you were already looking for what would give you
with time that voice in which
the freshness of those days still breathes?

Things have happened. Shadowy seas,
black curtains, have fallen.
A rapid collapse of clouds
has drowned us and buried
even some of our precious blood.
Listen to them as I listen to them, here, so far away,
so far that with my hands I can, at times,
touch the sound . . .
                        Yes, things have happened,
many things. But look:
death always recedes, always
its stiff waves let the painful light pass
where life begins, happy child of blue foam.

And so now, my friend,
in this distant noon
of sun high in the treetops swaying
with birds and sky
and those empty spaces
that have been part of me a long time, you come back
once more, refreshed and young,
as if so many past years
had been only one day,
a day without shadows.

                              Que tus soles
venideros no pasen y, altos, sigan
penetrándote siempre
de igual temblor para que en mi retorno
tu misma luz de hoy pueda hablarme.

                         May your future suns
not die and may they keep on
passing through you always
with the same motion so that in my memory
the light you have can talk to me.

¡BAÑADO del Paraná!
Desde un balcón mira un hombre
el viento que viene y va.

Ve las barrancas movidas
del viento que viene y va.

Los caballos, como piedras
del viento que viene y va.

Los pastos, como mar verde
del viento que viene y va.

El río, como ancha cola
del viento que viene y va.

Los barcos, como caminos
del viento que viene y va.

El hombre, como la sombra
del viento que viene y va.

El cielo, como morada
del viento que viene y va.

Ve lo que mira y mirando
ve sólo su soledad.

SONG

THE swamps of Paraná!
A man on a balcony watches
the wind that comes and goes.

He sees the moving hollows
of the wind that comes and goes.

The horses that are like stones
of the wind that comes and goes.

The pastures like the green sea
of the wind that comes and goes.

The river like a wide sail
of the wind that comes and goes.

The ships that are like roads
of the wind that comes and goes.

The man that is like the shadow
of the wind that comes and goes.

The sky that is like the home
of the wind that comes and goes.

The man sees all that he looks at
and sees only himself alone.

La eternidad bien pudiera
ser un río solamente,
ser un caballo olvidado
y el zureo
de una paloma perdida.

En cuanto el hombre se aleja
de los hombres, viene el viento
que ya le dice otras cosas,
abriéndole los oídos
y los ojos a otras cosas.

Hoy me alejé de los hombres,
y solo, en esta barranca,
me puse a mirar el río
y vi tan sólo un caballo
y escuché tan solamente
el zureo
de una paloma perdida.

Y el viento se acercó entonces,
como quien va de pasada,
y me dijo:
La eternidad bien pudiera
ser un río solamente,
ser un caballo olvidado
y el zureo
de una paloma perdida.

Eternity might very well
be only a river,
be a horse forgotten
and the cooing
of a lost dove.

As for the man who leaves
his fellow men, the wind comes
telling him other things,
opens his ears
and eyes to other things.

Today I left my fellow men
and alone in this ravine
began to look at the river
and saw a horse alone
and listened lonely
to the cooing
of a lost dove.

And then the wind came close
and like someone in passing
told me:
Eternity might very well
be only a river,
be a horse forgotten
and the cooing
of a lost dove.

Los barcos pasan tan cerca
de la orilla,
que bien pudieran llevarse
una rama de los sauces
de la orilla.

Está tan cerca la orilla,
que si los barcos quisieran
también pudieran llevarse
un caballo de la orilla.

¡Qué bien estar a la orilla
de esta orilla
en donde pueden los barcos,
si es que los barcos quisieran,
llevarse al mar un caballo,
una rama de los sauces
y la orilla!

SONG

The ships pass so close
to the shore
that they could well take
a branch from the willows
that grow on the shore.

So close is the shore
that ships if they wanted
could also take
a horse from the shore.

It's good to be at the edge
of this shore
where ships can,
if ships really want,
carry to sea a horse,
a willow branch
and even the shore.

CANCIÓN

Basta un balcón sobre el río
y unos caballos paciendo
para viajar noche y día
sin moverse.

Los caballos están fijos
y el río está quieto siempre.
Sólo, a veces,
pasa un barco que lo inquieta,
y el aire, para moverse
un poco y trabajar algo,
cambia un caballo de sitio,
y allí lo deja.

Y el hombre del balcón vuelve,
mientras, de un largo viaje,
sin moverse.

SONG

A BALCONY over a river,
a few horses grazing,
are all that is needed
to go on a voyage
night and day
without moving at all.

The horses are very still,
the river is always quiet.
Once in awhile
a ship will pass,
disturbing the scene,
and the air in order to stir
and do some work
moves one of the horses over
and leaves him there.

The man on the balcony meanwhile
has come back from a very long trip
without having moved at all.

Están sentados, mirando.
Sin hacer nada.

Tienen veinte, treinta años.
Y están sentados, mirando.

¿Qué miran?
                No miran nada.
¿Qué escuchan?
                No escuchan nada.
¿De qué hablan, cuando hablan,
sin hacer nada?
La pereza les ha puesto
la soledad en la cara;
y el tener quieta la frente
y siempre flojas las manos,
ese fijo
trozo de piedra en la cara.

No hay diarios. Y las ondas
del mundo apenas les llegan.
Y si les llegan, no escuchan.
Y si escuchan, no oyen nada.

Son menos que los caballos
y esas vacas
que pacen juntos y miran
el río de cuando en cuando,
que relinchan y que mugen
de cuando en cuando.

Son menos que las ovejas
que balan,
que el picaflor que les liba
las flores,
que el molino que les sube
el agua,
que esos ladrones que pasan
y les roban los frutales.

BALLAD OF THE COUNTRY IDLERS

They are sitting and looking.
Not doing a thing.

They are twenty or thirty years old.
And they are sitting and looking.

What are they looking at?
                They're looking at nothing.
What are they listening to?
                They're listening to nothing.
What do they talk about when they talk,
not doing a thing?
Boredom has placed
loneliness on their faces;
their foreheads are peaceful
and their hands always limp
which is why that motionless stone
sits on their faces.

There is no news. And waves
from the world barely reach them.
And if they reach them, they don't listen.
And if they listen, they hear nothing.

They are less than those horses
and cows
grazing together and looking
from time to time at the river,
neighing and lowing
from time to time.

They are less than the bleating
sheep,
than the hummingbird sucking
flowers for them,
than the windmill bringing up
water for them,
than those thieves passing by
robbing fruit trees for them.

Son menos que los ladrones
que pasan.

Siguen sentados, mirando.
Sin hacer nada.
Otras manos
ya se cansaron por ellos.
Y ellos, ahora, descansan.
Sentados, ellos descansan.

They are less than the thieves
passing by.

They keep on sitting and looking.
Not doing a thing.
Other hands have already gotten
tired for them.
And now, they rest.
Sitting, they rest.

Perdido está el andaluz
del otro lado del río.

—Río, tú que lo conoces:
¿quién es y por qué se vino?

Vería los olivares
cerca tal vez de otro río.

—Río, tú que lo conoces:
¿qué hace siempre junto al río?

Vería el odio, la guerra,
cerca tal vez de otro río.

—Río, tú que lo conoces:
¿qué hace solo junto al río?

Veo su rancho de adobe
del otro lado del río.

No veo los olivares
del otro lado del río.

Sólo caballos, caballos,
caballos, solos, perdidos.

¡Soledad de un andaluz
del otro lado del río!

¿Qué hará solo ese andaluz
del otro lado del río?

BALLAD OF THE LOST ANDALUSIAN

Lost is the Andalusian
on the other side of the river.

"River that knows him,
who is he and why did he come?"

He might have seen olive trees
by the banks of another river.

"River that knows him,
what is he doing always along your shores?"

He might have seen hatred and war
by the banks of another river.

"River that knows him,
what does he do alone on your shores?"

I see his little house
on the other side of the river.

I don't see the olive trees
on the other side of the river.

Only horses, horses, horses,
all of them lost and alone.

The loneliness of an Andalusian
on the other side of the river.

What will he do this Andalusian
on the other side of the river?

CANCIÓN

Abrió la flor del cardón
y el campo se iluminó.

Los caballos se encendieron.
Todo se encendió.

Las vacas de luz pacían
pastizales de fulgor.

Del río brotaron barcas
de sol.

De mi corazón, ardiendo,
otro corazón.

SONG

Athistle flowered
and the field lit up.

Horses caught fire.
Everything burned.

Cows of light grazed
in the bright pastures.

Out of the river
boats of sun sailed.

Out of my heart
another heart blazed.

Aquel río, un mediodía,
se volvió duro, de acero.
Barcos que por él pasaban,
no volvieron.
El viento, sí, sólo el viento.

El viento furioso, a golpes,
para romperlo.
Con la cabeza y el pecho.
Día y noche,
con la cabeza y el pecho.

Pero aquel río era un río
de acero.
Ya, para siempre, de acero.

SONG

THERE was a river
that one day at noon
turned into steel.
Ships that went by on it
never came back.
Only the wind did, only the wind.

The furious wind, all at once,
tried to break through it.
With its head and its breast.
Day and night,
with its head and its breast.

But the river was a river
of steel.
Now and forever of steel.

NOTES

PLATKO

Alberti notes in his autobiography, *La Arboleda Perdida*, ". . . suddenly, leaving to one side wings and darkness [he was then at work on "Three Memories of Heaven"], I wrote an ode to a soccer player—Platko—heroic goalie in a game between Real of San Sebastian and Barcelona." Platko played for Barcelona.

THREE MEMORIES OF HEAVEN

Gustavo Adolfo Becquer (1836–1870) was the author of only one book of poems, but is considered by many to be Spain's most important nineteenth-century poet.

THAT BURNING HORSE IN THE LOST FORESTS

Fernando Villalon was an Andalusian poet and friend of Lorca's and Alberti's. It was his last wish to be buried with his watch running.

TO LUIS CERNUDA: LOOKING FOR SOUTHERN AIR IN ENGLAND

Luis Cernuda (1904–   ), Sevillian-born poet of the "Generation of 1927." At the time of this poem (1942) he was living in England; he now lives in Mexico.

GOING BACK TO A BIRTHDAY

J.R.J. is Juan Ramón Jiménez, the great Andalusian poet and strong influence on Alberti and others of the "Generation of 1927." He had gone to the same Jesuit school as Alberti.

THE COMING BACK OF AN ASSASSINATED
POET
   The poet referred to in this poem is Federico García Lorca.

THE COMING BACK OF VINCENTE
   ALEXANDRE (1898–   ), one of the "Generation
   of 1927" who continued to live in Spain.

METAMORPHOSIS OF THE CARNATION
   I have chosen seven of the eighteen poems that make up
   the original work. Ricardo Molinari is an Argentine poet
   (1898–   ).

RAFAEL ALBERTI

Rafael Alberti was born in 1902 in El Puerto de Santa Maria, a town near Cádiz, on the Mediterranean. In 1917 his family moved to Madrid, where Alberti studied painting. He began to write in 1921, while recovering from an illness and unable to paint. In 1925 his first book, Marinero en Tierra, *was published and won the National Prize for Literature that year. Since then he has published many volumes of poetry including:* Cal y Canto, *1929,* Sobre los Angeles, *1929,* Verte y No Verte, *1935,* Capital de la Gloria, *1936,* Entre el Clavel y la Espada, *1941,* Pleamar, *1944,* A la Pintura, *1948,* Retornos de lo Vivo Lejano, *1952,* Baladas y Canciones de Parana, *1954. In 1961 Alberti's* Poesías Completas *appeared. In 1939 he went into exile from Spain, first in France, then in Argentina, and since 1964 in Italy. He has been married to the writer Maria Teresa León since 1930.*

MARK STRAND

Mark Strand was born in Summerside, Prince Edward Island, Canada, but has lived most of his life in the United States, where he has taught at various colleges and universities. His previous books of poetry are: Sleeping with One Eye Open *(1964),* Reasons for Moving *(1968),* Darker *(1970) and* The Story of Our Lives *(1973).*